理性地判断，建设性地表达

误在
红尘

朋友很久
未见
湖边坐
下喫茶
聊起当
今世界
一时不
知说啥

以近年来心境
春风年年诸
花乱开生机无
尽复想起江湖
之缘涵涵世情
此是已无话可说
惟有春风荡荡
空自吹去 老树

朋友很久未见，湖边坐下喝茶。聊起当今世界，一时不知说啥。

插画摘自 @ 老树画画

决策之道

·越重要的人越需要·

正和岛 主编

第2辑

中国财富出版社有限公司

图书在版编目（CIP）数据

决策之道. 第 2 辑 / 正和岛主编 . — 北京 : 中国财富出版社有限公司 , 2022.4

ISBN 978-7-5047-7691-4

Ⅰ . ①决…　Ⅱ . ①正…　Ⅲ . ①企业管理 — 经济决策　Ⅳ . ① F272.15

中国版本图书馆 CIP 数据核字（2022）第 063150 号

策划编辑	郑晓雯	**责任编辑**	张红燕　郑晓雯	**版权编辑**	李　洋
责任印制	梁　凡	**责任校对**	张营营	**责任发行**	董　倩

出版发行	中国财富出版社有限公司			
社　　址	北京市丰台区南四环西路 188 号 5 区 20 楼		**邮政编码**	100070
电　　话	010-52227588 转 2098（发行部）			010-52227588 转 321（总编室）
	010-52227566（24 小时读者服务）			010-52227588 转 305（质检部）
网　　址	http://www.cfpress.com.cn		**排　　版**	北京正和岛信息科技有限公司
经　　销	新华书店		**印　　刷**	鑫艺佳利（天津）印刷有限公司
书　　号	ISBN 978-7-5047-7691-4 / F・3421			
开　　本	787mm×1092mm　1/16		**版　　次**	2022 年 4 月第 1 版
印　　张	8		**印　　次**	2022 年 4 月第 1 次印刷
字　　数	170 千字		**定　　价**	198.00 元

正和岛
Z.H.ISLAND

决策之道

·越重要的人越需要·

顾问委员会 | 陈春花　辜胜阻　胡祖六　江 平　李稻葵　李德成　李子彬　刘东华　
刘 吉　龙永图　彭剑锋　钱颖一　秦 朔　宋志平　田 涛　王 林　
魏建国　吴敬琏　许小年　张维迎　周其仁　周文重　
（以上名单按照姓名首字母排序）

本期客座总编辑 | 彭剑锋

出品人 | 刘东华
执行委员会 | 黄丽陆　杨云　史船　陈为　林定忠
总编辑 | 陈为

主编 | 曹雨欣
执行主编 | 王夏苇
首席设计 | 李换
编辑 | 田兴宇　刘靖阳

地址 | 北京市海淀区中关村东路1号院清华科技园创新大厦B座9层（100084）
电话 | 010–62539800

正和岛官方微信 | zhenghedao
正和岛APP | 正和岛
正和岛微博 | @正和岛标准
正和岛网站 | www.zhisland.com

勇而不敢者久

刘东华
正和岛创始人兼首席架构师

我们把"勇敢"两个字放在一起说多了、说习惯了，就天然以为"勇"和"敢"是一回事，其实不然。

老子在《道德经》里说，"勇于敢则杀，勇于不敢则活"；又说，"慈故能勇""今舍慈且勇……死矣！"结合起来看就更好理解了：一个人的勇气可以来自慈悲利他之心，也可以源于自私贪婪之念。所谓"勇于敢"，显然是指"舍慈且勇"、被自私贪婪驱动的胆大妄为甚至胡作非为，即使得逞一时，等待他的也终将是"杀"或"死矣"；所谓"勇于不敢"，则应该是"慈生之勇"，即由内心深处的良知、智慧和责任感所生成的敬畏、胆识和定力，即使一时柔弱，也必将日生月长，终成气候。

那么，我们天天挂在口头上的"勇敢"一词，也就是作为中华民族三大传统美德"智慧、善良、勇敢"之一的这个"勇敢"，到底是老子所说的"勇于敢"呢，还是"勇于不敢"呢？前者是不可能的，如果是后者，我们的"勇敢"岂不是最终落到一个"不敢"的被动状态上了吗？

深究一下会看到，这个"勇于不敢"其实包含着两个"不敢"，一个就是我们在日常生活中常用的"不敢""岂敢"等谦词所表达的谦逊和敬畏之意，极端的例子是张良被一个奇怪的老头捉弄到桥下捡鞋、韩信受胯下之辱而"不敢"发怒的故事，这也是需要极大"勇气"的，所以才叫"勇于不敢"。而用老子自己的话一言以蔽之，则是"不敢为天下先"。说到这里，这个"不敢"确实仍然是被动状态，至少表面上看是如此。另一个藏在背后的"不敢"，则是"不敢之敢"。这个"不敢之敢"，就是因为敬天爱人内心强大，向内求是勇于立志、勇于自律、勇于不断地自我超越与自我突破，不与别人比怎么攀登外在的珠穆朗玛峰，而是把日常生活和工作中的重大挑战当作珠穆朗玛峰来攀登；向外求是物来则应，危难之际挺身而出，以当仁不让、舍我其谁的气概扶危济困、力挽狂澜，让这个世界因为自己的存在而更加安全和美好，哪怕只有一点点。

是故，不敢之敢，小怯大勇。由此想到，儒家的集大成者王阳明先生当年回答弟子之问时，说他之所以能够心生万法、百战百胜，只是因为"学问纯笃，养得此心不动，乃术尔"，他的"此心不动"又何尝不是"不动之动，乃为神动"？以此类推，道家又何尝不是"无为之为，乃为大为"？因为其居然敢追求"无为而无不为"。佛家又何尝不是"不住之住，乃为真住"？因为其居然能做到以心转境、真空妙有。

不敢之敢，不动之动，无为之为，不住之住，面对百年不遇之大变局，人类似乎难以遏止地在从正和博弈向零和甚至负和游戏滑落，越来越多的事情好像都在变得越来越不容易。这不也正是给我们提供的一个修炼大智大勇和生命更高境界的良机吗？路漫漫其修远兮，愿我们能够坚韧而从容地享受这个无限接近的过程。岂可与天地共存乎？

然。🌓

目录

有声 TRENDS

我看企业经营的大趋势：
向南、向新、向阳

香帅 独家口述

金融学者
香帅数字金融工作室创始人

2022年以来，我们身边发生了太多大事，资本市场大起大落，关于"内卷"与"躺平"的讨论也从未停歇。这个社会怎么了？每个人又该往哪里走？以下是我的思考，希望对你有所启发。

透视"内卷""躺平"，破局"熟经济"

"内卷"和"躺平"这两个词语在社交媒体上弥漫已久，在我看来，它们都源自时代的经济特征："熟经济"。何为"熟经济"？指的是社会积累了一定的财富和经验值，但内在的增长冲动不复当年，外人看到风韵，自己感到焦虑。

比如原来几个大的产业赛道，互联网、房地产和出口贸易，在流量见顶、政策调控和新冠肺炎疫情影响下都发生了剧烈变化，大的、新的增量赛道又未出现，企业和个人都很容易陷入存量博弈的困境中。

这对年轻人的影响更为明显。在过去的增量赛道上，需求远大于供给，年轻人作为供给方，努力就有出路；现在新赛道不多了，各行各业几乎都是存量，"前浪"还在汹涌，"后浪"很难将他们"拍在沙滩上"，最后越来越"卷"，越大的城市越"卷"，越好的行业越"卷"。"卷"得动的年轻人身心俱疲，深感努力和收益不成正比；"卷"不动的干脆"躺平"，觉得再怎么努力也凑不齐购房首付，还"卷"什么呢？

如此一来，"内卷"与"躺平"不可避免地出现了，一些年轻人产生了相对消极的情绪。这种情绪挺难排解，从全球范围来看也是如此。事实上，越发达的社会越容易不平等,越不平等就越容易产生撕裂和对立。所以企业家们是时候真正重视劳资关系问题了,一些经济问题也不能仅从经济学视角来考量了,而是要与社会背景和人的需求结合起来解决。

当然,在"熟经济"时代,企业和个人也不必过度悲观,仍有一些值得关注的新机会和新行业,我总结为民生消费、科技强国和数字未来。

1.民生消费

消费不算高门槛的行业,容易形成红海式的竞争,但它的确定性回报相对还是比较高的。不管怎样,我国有14亿人口以及近4亿中产人口,经济还处于中等增长水平,整体方向是上升的,消费升级仍然是主旋律。

2.科技强国

科技强国是国家的战略方向,高端制造、芯片、新能源等行业蕴藏强劲的增长点,在相当长的时间内不会冷却。这些行业有高风险、长周期的问题,还可能存在一系列炒作,如果要进入这些行业,一定要有足够的耐心去深耕。

3.数字未来

我认为元宇宙、NFT(非同质化代币,用于表示数字资产的唯一加密货币令牌,可以买卖)可能代表未来的方向——这些名词意味着什么并不是关键,关键在于它们的底层逻辑是"数字社会未来"。

具体地说,我不喜欢"炒币",也认为元宇宙的概念还处于相当早期的阶段,但我们可以不把它们当作投资标的,而是往这个赛道走,至少去了解它们,因为它们代表未来的发展趋势。投资标的和赛道选择是不一样的概念。不妨想想二三十年前那些投身于早期IT行业的精英,他们当年就对互联网有充分的信心,今天来看他们大多过得不错。海外的趋势更加清晰,尽管数字货币在大类资产配置里仍是极微小的部分,但一些知名高校的金融系毕业生正越

> 企业家们是时候真正重视劳资关系问题了,一些经济问题也不能仅从经济学视角来考量了,而是要与社会背景和人的需求结合起来解决。

来越多地进入加密货币行业和一些元宇宙公司。

虽然数字未来听起来可能有点不靠谱，但科幻作家亚瑟·克拉克说，"任何足够先进的技术，初看都与魔法无异"。

2022年，对资本市场需谨慎乐观

对2022年的资本市场，我的判断是需谨慎乐观。为什么在资本市场遭遇2022年的"倒春寒"之后还能保持乐观？

第一，从投资端看，资本市场必须接力房地产市场。 房地产市场曾是中国最大的信贷发动机，我们知道，城市化率增速越高，房地产市场行情越好，但中国的城市化率已经达到60%以上，接近全球70%的平均水平，这意味着城市化率的高速增长基本结束。我们能明显感受到，房地产市场这个信贷发动机开始慢下来了，如果还想保持较高的经济增速，必须启用新的发动机，目前来看只有资本市场能够接力房地产市场成为新的发动机和资金蓄水池。

第二，从储蓄端看，有钱就买房几乎是中国人过去的理财信仰，但现在这个逻辑行不通了， 一是值得买的地方的楼市都在限购，二是一旦房地产税出台，持有两三套以上房子的成本会非常高，而且房地产的流动性较差，不排除有砸在手里的可能。那么，居民手里的钱去哪里了？不可能都存银行，最好的去处依然是资本市场，从科创板、注册制到北交所，国家的一系列动作也是想把资本市场做起来，反哺实体经济发展。

所以，只要不发生系统性危机，中国资本市场长期发展的确定性是比较高的。但是，人无远虑，必有近忧，资本市场也一样。目前确实有两点需要注意：

"任何足够先进的技术，初看都与魔法无异。"

1.释放明确信号,提振市场预期

从资本市场当前的预期来看,情绪的确不高,这主要是因为2021年政策"减法"做得比较多,一些大的平台受到了整治。我是比较反对平台垄断的,也认为政策的初衷是好的,但从政策执行层面来看,可能需要多一些全局思考。变革应该是"先立后破、不立不破"或边立边破,在新机制还未建立前不要着急破除原有机制。一定要管理好平台,但也要想好整治力度,做好善后工作。

平台是就业的蓄水池。2021年,一些城市的法拍房数量有较大幅度上升,因为很多人出现了断供;2021年以来,女性送外卖和开网约车的比例也明显提高。这可能与政策调整之下的就业市场萎缩不无关系。

企业不是慈善机构,都想选择赚钱的行业,如果赚钱的行业可能被"一刀切",那么资本市场预期就上不来,这在股市上的反映已经很明显了。所以,我认为应该有明确的政策信号,给市场打一剂"强心针",让企业和企业家有前进的动力。

2.维持利率下行,加大宽松力度

我认为,要想真正刺激市场和消费,降息力度必须足够大。举个例子,LV包涨价10%~15%会刺激消费吗?显然不会,买3万元LV包的人不会因为它涨到4万元就少买,也不会因为它降到2万元就多买,它的消费弹性非常小。真正有弹性的是老百姓的消费,多发5000元奖金,老百姓就敢多花点。房贷的影响尤其关键,根据中国社科院的测算,房贷利率降1个点,一年大概会有6000亿元资金涌入消费市场。

对企业来说也是如此,实实在在的大幅降息是改善企业负债表的有效手段。大环境已经不一样了。过去企业有20%的利润时,贷款利息降10%就能接受,因为最终是能够赚到钱的。现在企业可能没有太多可做的项目,只有10%的利润了,那么如果贷

只要不发生系统性危机,中国资本市场长期发展的确定性是比较高的。

款利息也只降10%，企业是不会去贷款的，因为最终赚不到钱了。

2022年1月，我国社会融资规模达6万亿元，创历史新高，但这个数据并不能真正反映民间经济冷暖，因为会有"左口袋挪右口袋"的情况——金融机构会接到窗口指导，要求放款不低于一定数量。银行又不想把钱放给风险比较高的项目，结果是钱往往流向国企，一些民企和中小微企业的贷款规模其实是下降的。

有在银行工作的朋友跟我说，银行利率已经是40年来最低了。这话没错，但也有两点要注意：

第一，银行利率是比从前低，此一时彼一时。从前经济增速高，市场好，资金需求旺，利率高有高的道理；现在经济增速低，市场淡，信心弱，资金需求更弱，"比之前低"不等于"足够低"。

第二，我们知道，中国金融体系存在结构性的"渠道不畅"，中间费用相当不菲，企业端的实际利率水平往往高于给到的利率水平。我在长三角地区了解到，现金流不错但缺乏抵押品的项目，融资利率成本为8%~9%，半年前这一数据为10%~11%。

所以，我们的货币政策只有大幅度地宽松下来，才能真正发力在广大民企和中小微企业身上。

看准趋势，像钉子一样扎下根

面对当下，我仍想说，我们这几代人足够幸运。技术改变了我们的生活模式和商业逻辑，任何人、任何企业都拥有强大的触达他人的能力，为所有人的职业和生活打开了一扇充满想象力的窗。

但是，我们也遭遇了一个困惑的时代，财富的积累造就了庞大却脆弱的"中产阶级"，"内卷"、股市，每个类似的公共话题都在挑动人们的神经。未来的路到底怎么走，没有人能给出确定的答案，从我的观

我们的货币政策只有大幅度地宽松下来，才能真正发力在广大民企和中小微企业身上。

察来看,有3个路径值得多加思考。

1.调整预期,多元选择

一定要深刻理解这个社会的结构性变化,不要总想着过去的辉煌,增速百分之十几的时代已经过去了。预期越高,落差可能就越大,不如把目标降低些,多给自己一点小确幸。

于年轻人而言,只要勤劳肯干,都能吃饱饭、穿暖衣,关键是从事什么样的职业、自己的价值体现在哪里。在这个方面,我觉得社会价值观最好能多元一些。

于企业家而言,要做好面对"新常识"的准备。何为"新常识"?就是要站在民族复兴的时代大背景下来理解常识,民生与民族是其中的两个重要关键词。

比如,房地产曾是逆周期调控的工具,但当房价上涨影响民生时,就变成了调控对象;教培行业规模小,本来不是问题,但在教育资源供给本就不足的情况下,资本推动教培行业大规模平台化,普通家庭被迫"卷入",教培行业就成了问题。说到底,影响民生、民族的事,没有一件不是大事,这就是时代的特征。

2.看准趋势,躬身入局

我相信一句话:一个人不会因为做了什么事而懊恼,只会因为没做什么事而后悔。对于很多事情,看准趋势后躬身入局,去做就好了,就算没做成,失败了又能怎样呢?还能混不到一碗饭吃吗?所以不要怕,调整好心态,多给自己一些尝试的机会。当然,从企业的视角来看,试错成本可能会更高。关于趋势,我给企业家的建议是向南、向新、向阳。

向南,指在城市选择上要顺应中国经济重心南移的大方向。这不是建议企业放弃北方,而是因为长三角、珠三角地区有非常好的制造业基础,可以承接产业升级。这两个地区也形成了很好的城市

技术改变了我们的生活模式和商业逻辑,任何人、任何企业都拥有强大的触达他人的能力,为所有人的职业和生活打开了一扇充满想象力的窗。

群,能够以人口集聚来支撑服务业的经济增长点。

向新,指踏踏实实顺着行业生长轨迹去找真正的、适宜的创新点。哪里有什么夕阳行业,有的无非是夕阳企业。要注意的是,创新不是刻意去"凹新造型",不是去寻找"奇技淫巧"的创新点,真正的创新是"从地里长出来的",源于用户和市场的真实反馈。

向阳,指平台经济和商业模式要符合民族复兴的时代特征。民生和民族就是时代的"阳",是时代的"势能",作为企业家,知道势能在哪里,才能事半功倍。未来,不管是做什么生意,如果是为人民服务的,大体上就能干下去,这是大俗话,也是大真话。

3.保持敏锐,磨炼技艺

一定要保持敏锐的学习态度,在自己的领域内有一技之长。所谓学习,不是说每年要读多少本书、听多少门课,而是指要有一门能够变现的手艺,而且这门手艺还要比别人或者平均水平好一点。

这3个路径实际上是环环相扣的,先调整好预期,看准趋势后需要躬身入局,然后以开放的心态保持学习和成长,在自己的领域内做到专、精、深。

这是一个充满变化的时代,对每个个体而言,最好的应对方式或许还是以不变应万变,希望我们都能找到自己的立足点,然后像钉子一样,立得住、扎下根。 ●

采编: 夏昆、王夏苇

> 民生和民族就是时代的"阳",是时代的"势能",作为企业家,知道势能在哪里,才能事半功倍。

推荐语
养老服务产业的展望随想

谈义良 推荐

上海九如城企业（集团）
有限公司董事长

　　基于第七次全国人口普查数据，预计到2025年年底，我国老龄化人口占比将突破20%，正式进入中度老龄化社会。雷晓燕教授的《老龄少子时代来临，怎么办？》一文，从宏观政策解读到产业发展趋势分析都非常到位。我有几点阅读感受。

　　第一，发展老年教育，助力老年人再成长。发展老年教育，有利于促进经济可持续发展、社会和谐稳定以及长者发挥生命潜能。雷教授提到，对一部分年龄偏大、受教育程度相对较低的劳动者，可以进行教育和技能培训，提升劳动力整体质量，更好地支撑经济升级。九如城也提出，养老服务重点要从养老向教育转变。我们开设了"银龄成长中心"，助力长者以积极老龄观实现第二次成长。

　　第二，培养人才，用好人才，留住人才。对于失能、失智长者，目前还无法完全使用人工智能替代照护。随着服务面越来越广，所用人力越来越多，养老企业应完善人才培养体系，强化人才梯队。九如城特别注重员工关怀，强调资源向一线倾斜，从院际、城市到集团，搭建完善的养老人才培养体系，鼓励并培养人才通过晋升提升自身待遇与社会地位。我们也呼吁政府、行业联合起来，提升公众对养老服务人员的认可度，增强人才的专业身份认同。正如雷教授所说："企业多方面满足老龄化趋势下的员工需求，相信对吸引员工、留住员工是大有帮助的。"

　　第三，打造高质量的养老服务体系。居家社区养老是多数老年人首选的养老方式。我们应健全居家社区养老服务体系，满足老年人急需的助餐、精神慰藉、康复护理等需求；也要加强居家社区养老服务网络建设，构建"一刻钟"居家养老服务圈。同时，新冠肺炎疫情之下，我们也应加强养老机构的疫情防控措施，保障长者健康。

　　在老龄少子时代，我们当"力出一孔"，整合行业资源；协同共生，共推行业发展。

老龄少子时代来临，怎么办？

雷晓燕　独家口述

北京大学博雅特聘教授
健康老龄与发展研究中心主任

2022年的中国人口态势与挑战

2022年的中国人口态势，我认为可以用三个关键词来概括。

一是少子化，也就是社会关注的低生育率。2021年中国出生人口只有1062万人，生育率比预想的要低。

二是深度老龄化。国际上通常把65岁及以上人口占总人口比重达到7%作为老龄化标准，中国早就达到了这一标准；深度老龄化标准是这一比重达到14%，根据2021年人口数据，这一比重已达到14.2%，中国已经进入了深度老龄化。

三是快速。早些年大家没有预料到，生育率会一下降到这么低，也没有预料到这么快就进入了深度老龄化社会。如今不管是少子化还是老龄化，速度都超过了原本的预期。另外，众所周知，1958年到1961年我国处于人口低增长阶段，但是从1962年起，我国又进入了生育高峰期，这一批人口从2022年开始步入60岁。可以预计，未来几年进入60岁的人口数量会比较多，再过几年，这一批生育高峰期人口将步入65岁，由此，快速的老龄化趋势至少在未来一段时间内还会持续。

短期之内，我国会采取措施拉升生育率，现在已经出台一些政策，比如2016年的全面放开二胎政策，把过去累积的生育意愿释放了一些，但之后就回落了。至于放开三胎的政策，我估计有一定促进效应，但没有放开二胎的影响大。

所以，快速的老龄化、少子化是我国人口态势面临的变化,生育率下降会助推老龄化趋势,想要让它再提升起来又很不容易。在这样的人口态势下,社会经济发展和国民养老都会面临挑战,其中对社会经济而言,最显著、最直接的冲击,就是劳动力供给减少。

劳动力数量短期内不容易显著改变,但在劳动力质量方面还可以挖掘。一方面,虽然目前国民教育程度已经显著提升,但接受过高等教育的人口所占比例还比较低,有比较大的提升空间。另一方面,社会原有的劳动力中,有一部分人年龄偏大,教育程度相对较低,我们可以对这个群体进行教育和技能培训,从而提升劳动力整体质量,更好地支撑经济转型升级。同时,人工智能技术、数字技术的应用,也可以缓解社会劳动力供给不足。一些重复的单调的体力劳动,无论是在生产领域还是在服务领域(包括今天所探讨的养老服务中),都是可以用机器来弥补、替代人力的。

> 人工智能技术、数字技术的应用,也可以缓解社会劳动力供给不足。

为什么《政府工作报告》提了10次"养老"?

2022年两会上,《政府工作报告》10次提及"养老",次数比前几年有所增加。

为什么要提这么多次?说明国家对这个问题非常重视,也说明这个问题对经济发展和民生福祉而言都非常重要。未来在政策举措上,可能会有更多关于养老的顶层设计政策出来。

下一步,有些工作是非常紧迫的,其中建立一个生育友好型、老年友好型的社会尤为重要。所谓生育友好,就是要减轻对生育的人为约束,降低生育成本;所谓老年友好,现在比较紧迫的是养老金制度改革、长期护理险推行以及保障多样化养老方式的供给。这些政策要早点启动,让我们的社会在严重老龄化之前做好相关准备，因为真正改革到位是需要时间的，不能拖延到养老体系快要撑不住了才行动，早开始相对更容易一些。

我们不妨着眼于更具体的政策。2022年的《政府工作报告》提出"加大社区养老、托幼等配套设施建设力度，在规划、用地、用房等方面给予更多支持"，这一点是可以从服务消费、经济发展的视角来延伸阐述的。拉动经济增长的"三驾马车"，就是投资、消费与出口。以前我们的经济增长对出口依赖较高，但近些年国际形势和全球新冠肺炎疫情使情况出现了新的变化，未来我们国家要降低经济增长对于出口的依赖，更多地依赖投资与消费，两会上也提到我们要扩大内需。

从消费来看，如今我们都在关注人口老龄化、少子化，无论是养老还是托幼，市场需求都是非常大的。可能其他产业或领域还需要去寻找有没有扩大内需的空间，但养老和托幼方面的需求是切实存在的，其中可能会涉及一些外部的产品，但所需要的服务都是内部提供的。那么，如果能满足养老、托幼的消费需求，适应需求的变化，多渠道地提供优质的养老和托幼服务，就可以通过消费来拉动经济的发展。

另外，养老和托幼是有一定共性的。托幼需要幼儿园设施、社区设施，养老也一样。2021年我做了一个有关"一老一小"的调研，在养老方面，大家特别关注的是社区养老，如果想要老年人参与社区养老，不管日托还是全托，都得有场地才能提供服务，这也和托幼是一样的。以此来看，不管是养老设施建设，还是托幼设施建设，其实都可以归为基建投资范畴，在满足这些实际内需、提升民众生活质量的同时，也可以通过加大投资拉动经济发展。

所以《政府工作报告》说得非常清楚，"在规划、用地、用房等方面给予更多支持"，有了政策的

未来我们国家要降低经济增长对于出口的依赖，更多地依赖投资与消费。

支持，基建投资就可以进场了，也能够吸引更多的社会资金一起将事情做大、做好。

不要让"35岁红线"束缚劳动力

2022年两会期间，人大代表蒋胜男建议公务员招聘考试取消35岁年龄限制，认为这对全民的婚育、养老和社会心态都会产生巨大影响。

公务员招聘的35岁限制是一项早期的制度设计，原来认为人到35岁体力、精力就不够了，没办法跟年轻人比；而且在体制内的人到35岁还没晋升的话，晋升通道窄了，也可能产生惰性；另外还有社保方面的考虑，因为社保年限设计的缘故，35岁进入公务员队伍，还能拿到不错的退休金，再晚一些就有影响了。

现在情况变了，人们的寿命延长了很多，教育程度也普遍提高，很多人二十几岁才毕业工作，再有这样的年龄限制，就不是很合适了，而且现在很多工作需要技术、经验，年龄大反而还有优势。如果说是晋升通道的问题，那也不该画个年龄线一刀切，而是应对晋升机制、激励机制进行改革，让不论什么年龄的人进入体制都能积极工作。从社保角度来看，目前各类养老保险之间差异比较大，未来如果能更均衡，也会减少单纯为了混社保而进体制的人——这种情况对社会整体效率也是不利的，让一些人放弃了发挥自身能力、推动社会生产的机会。

另外我认为，从本质上来看，招聘不应该标签化，特别是对于市场上的企业而言，年龄、性别等一刀切的限制条件都是不恰当的。对于一种职业、一个岗位来说，招聘什么样的人，应该看劳动者和工作是否匹配，能力是否胜任。只招男的不招女的，或者只招年轻的、不招年龄大一点的，这些都不应该。

有了政策的支持，基建投资就可以进场了，也能够吸引更多的社会资金一起将事情做大、做好。

老龄化下的企业应变之道

在中国人口结构走向老龄化的大趋势下，我认为，企业出于自身生存和发展的需要应该做出一些调整，这种调整可以从两个方面入手。

第一，企业要考虑员工的需求。随着市场上劳动力供给逐渐不足，企业吸引员工需要面临人才市场上的竞争，同时，企业员工特别是已经临近养老年龄的员工，会更多地考虑未来的养老需求。

由此带来的调整包括多个方面。首先，企业会面临员工平均年龄增长的局面，这就有必要在企业内部加强技术、技能培训，让员工更好地适应数字化趋势下产业技术的升级。其次，员工更多地考虑养老保障以及相应的医疗保障，企业想要吸引员工、留住员工，就有必要在员工医疗保险、养老保险方面提供更多支持。最后，人口老龄化与少子化是并行的，企业在对女性员工的生育、托育服务上，也可以提供更多的帮助，例如现在一些企业提供幼儿托育服务，一些企业支持线上工作，线上工作不仅为女性员工平衡工作与家庭带来了便利，也让男性员工可以更多地参与育儿。

企业多方面满足老龄化趋势下的员工需求，相信对吸引员工、留住员工是大有帮助的。

第二，企业要面对市场的变化。在社会老龄化趋势下，提供面向老年人的产品和服务也是企业应该更多考虑的。

一种是现有产品改良升级。很多现有的产品是面向各年龄群体的，但是社会上老年人增多了，企业就要特别考虑老年人会不会用这些产品，在有必要的情况下进行适老化改造或提供配套辅助服务。比如，目前医院、银行等的一些服务是由机器提供的，老年人往往使用不了，这就应该增加必要的帮助。再比如，手表之类的产品可以调大字号、增加说

> 招聘不应该标签化，特别是对于市场上的企业而言，年龄、性别等一刀切的限制条件都是不恰当的。

明等,往往一些微调就能激发老年人的购买欲望,带来新的商机。

另一种是专门针对老年人开发新产品。这类产品要做更多创新,日本的企业在这个领域做得比较好,是值得我们学习的。过去我们的企业推出的产品往往是能用就行,停留在满足基本需求的层面上,因为那时人民生活水平还没发展到足够高的程度,用户对产品的服务和体验没那么在意。其实,对于老年人而言,产品和服务的细节会直接决定能不能真正满足他们的需求,随着人民生活水平的日益提高以及老龄化趋势下消费群体的演化,企业有必要更多地考虑产品的服务和体验,从老年人的实际需求出发,优化产品细节。

在社会老龄化趋势下,如果企业能进行针对性的调整,在满足自身生存与发展需求的同时,也是在承担社会责任。当然,如果企业愿意更多地承担社会责任,更是值得鼓励的,例如在企业经营良好的前提下,拿出一些资金投入助老事业,资助贫困老人等。能热心参与这样的社会公益行为,显然是更好的。

> 企业多方面满足老龄化趋势下的员工需求,相信对吸引员工、留住员工是大有帮助的。

整理自2022年3月8日
雷晓燕教授在媒体见面会上的分享内容
采编:王夏苇

春天是否来过？感觉似假还真。看看这个世界，仿佛冬寒夜深。
春风吹向哪里？鸟鸣什么声音？哪里有个去处，可以安放此身？

插画摘自 @ 老树画画

有道
BUSINESS

特别寄语✎
真正的好企业能够抗逆周期

彭剑锋 独家口述

中国人民大学教授、博导
华夏基石管理咨询集团董事长

大家都认为目前的宏观环境充满了不确定性，经济处于收缩周期。在我看来，一批企业倒闭，反而可以使一批真正优秀的企业脱颖而出。

现在大部分公司的生存质量很低，说实话就是苟活着，没有精力去投入产品的开发、人才和组织的建设。因为大家都在打低价牌、打价格战，你还能怎么办？大家都打低价牌，结果肯定是普遍对产品和组织的投入不够。

归根结底，行业要有一定的集中度，才能保证一定的定价权，才有一定的利润空间，否则整个行业都不赚钱，而中国当下的行业集中度太低了，由此导致几乎所有行业都不赚钱、没有盈利能力。行业集中度的标准叫CR4（行业前4名市场份额集中度指标），行业前4名的市场份额应该占到整个行业的50%以上，中国目前的CR4只有20%左右，几乎所有行业都这样，所以我们还有很长的路要走，还需要再经历几次经济周期的打磨。

中国改革开放40多年以来没有经历过经济危机，其实为了经济高质量发展，就应该敢于面对经济低谷，淘汰一批落后的企业，倒逼行业提升集中度，倒逼企业提升管理水平，就像通信行业只剩下几家企业，家电行业也只剩下主要的几家企业一样，企业的盈利能力、竞争能力、技术创新、管理创新明显都强起来了，这正如毛泽东所说的"梅花欢喜漫天雪，冻死苍蝇未足奇"。再看看我们咨询界，前几年是个人就会做咨询，阿猫阿狗都能赚钱，现在大浪淘沙，一批咨询公司倒掉了，华夏基石这两年的利润状况反而更好了。

真正的好企业，不光要成本比别的企业低、盈利能力比别的企业强，甚至要能够上市等，还一定要有抗逆周期的能力，这非常重要。很多企业一直过得顺风顺水，总是跟着政策、行情走，政策好、行情好，企业发展就好；

政策一紧、行情一差，企业就不行了。好的企业要持续生存，不光要靠外部机会，也要靠内生的力量。不能说经济收缩的大环境下大家都难受，有的企业这两年发展得还是挺好的。

企业的抗逆周期能力从哪里来？举个例子，中概股在2022年春天遭遇"倒春寒"，但巴菲特说，大家贪婪的时候他恐惧，大家恐惧的时候他贪婪。这就是抗逆周期操作，道理谁都懂，但90%的人都做不到。

怎样才能像巴菲特一样拥有抗逆周期的心态和眼光呢？一是要有长期主义的理念，耐得住寂寞，学会慢慢变富；二是要夯实内功，对于企业来说就是在发展最好的时候拿出足够的投入提升软实力，真正加强人才管理、组织管理，而不只是买设备。另外，企业的抗逆周期能力还有两个重要指标，一是自由现金流，二是资产变现能力。有自由现金流就有腾挪空间，这样的大环境下去收购资产是最便宜的；有资产变现能力，资产能卖得出去，就能保证企业在关键时刻死不了。 🖋

采编：曹雨欣、王夏苇

企业家
需要一场思维革命!

彭剑锋 独家口述

中国人民大学教授、博导
华夏基石管理咨询集团董事长

我们所处的时代变了,从工业文明时代正在进入数智化与产业互联网时代。数智化与产业互联网不仅仅是一场技术的革命,更是一场客户价值创造与获取方式的革命,是人类社会的一种人、机、物三元融合的新生产方式、新产业组合方式与新生活方式。要适应这个新时代,企业领导者需要进行认知与思维革命,企业从战略到组织都要有新的思维,不能用新概念包装旧思维、用"新瓶装旧酒"。

为什么很多企业不再采用KPI,而用OKR?

在过去的工业文明时期,大量的东西是确定的,战略思维是连续性的,可以"先瞄准再开枪",集中配置资源于一个业务或项目,这是一种单向聚焦思维,类比为把鸡蛋放在一个篮子里。在产业互联网时代,整个大环境是不确定的,要"先开枪再瞄准"。这不意味着不瞄准,否定聚焦,而是强调动态聚焦、迭代聚焦,在动态过程中进行迭代,调整到战略的最佳状态。也就是可能要把鸡蛋放在六个篮子里,在探索过程中一旦发现哪个业务领域代表未来趋势,就把其他几个篮子拆了,把鸡蛋合并到最有希望的篮子里,然后再去聚焦。

这也是为什么当下很多企业不再采用KPI(关键业绩指标考核法),而采用所谓OKR(目标与关键成果法)。因为在这样的企业里,每个星期都可能进行业务回顾,定期进行战略调整。战略的探索,一方面来自企业家的洞见,另一方面来自一线员工的探索，上下结合，全员对齐，目标值及阶段性成果也会随着战略进程进行迭代修正或优化，同时通过激发组织中每个人的潜能，使目标变得更富有挑战性和在不确定性中的动态调整性。

所以有时战略业务创新往往不是来自高层，而是来自底层的探索与智慧；战略不是来自战略职能部门的预先规划，而是来自一线员工的创新。形象地说，就是从0到1的创新往往来自外部协同创新平台或企业内部一线员工创新团队，企业家与高层负责去识别或找出哪个从0到1的创新能够代表未来趋势，然后集中配置资源与能力从1做到10、从10做到100。

这不是说企业家、高层就不重要了，虽然有算力、算法为决策提供支撑，但在不确定的大环境下，企业战略更依赖企业家的洞见力与直感，更需要企业家发挥企业家精神，更需要组织平台具有集中配置资源与专业赋能的能力。

这也就使"组织平台化+自主经营体+生态"成为一种主流的组织模式——发现战略机遇，为战略性新业务赋能。例如苹果公司，它是通过建设开放式创新平台系统，让全球的开发者都来进行从0到1的创新，无数从0到1里会诞生具备未来可能的机会，一旦识别和发现，置于苹果的业务创新与赋能平台上，一下就能从1做到10、从10做到100。同时，众多企业的组织能力建设，基本沿着向上与向下两个方向进行，即养兵能力与用兵能力分离，一是上升组织平台化能力，组织的平台化能力主要包括集中资源配置能力、专业赋能能力、战略协同能力、风险控制能力等。二是下沉一线综合集成作战能力，让听得见炮声的人做决策，一线员工依据流程向平台呼唤资源与炮火。

在产业互联网时代，整个大环境是不确定的，要"先开枪再瞄准"。

企业组织发生了革命性的变化

传统企业未来一定会走向产业互联网时代。工业文明时期和产业互联网时代对企业组织的需求也不一样。

工业文明时期的组织遵循的是原子思维，是在封闭、静态的环境中运行的。它首先强调分工，其次强调专业职能，然后划分职责，讲边界、讲秩序、讲规则、讲人岗匹配，这些是工业文明时期组织成功的最核心要素。

产业互联网时代的组织遵循的是量子思维，核心要素是连接、关系、场景、能量。它首先要创造连接尤其是深度连接，连接得越多，大数据就越多；数据越多，就越能形成场，形成的场的能量就越大，就像量子力学的场理论一样，能量越多，产生的核聚变、裂变的力量越大。这就是为什么不要简单批判流量，对于产业互联网时代来说，流量仍然是重要的。流量就是能量场，量仍然是整个组织的基础。

在工业文明时期，技术与市场可以是分离的；在产业互联网时代，技术就是市场，市场就是技术，技术和市场如同量子力学的二象性关系，二者缺一不可，组织的运行机制也就随之发生变化，不得不走向开放。产业互联网时代的企业一定是线上线下高度融合，并不存在绝对的软件企业或硬件企业，而是软硬结合，重资产轻资产融合。

产业互联网时代的企业组织也一定是融合的、开放的、生态的、利他的。企业能量越大，吸附的能量就越大；企业没有能量、优势、核心能力，在整个社会生态协同体系之中就没有价值。

以日本企业为例，它们代表了工业文明时期的封闭式产业价值链，曾经十分辉煌过，但它们不是开放的，缺少生态思维，就跟不上产业互联网时代的节奏；往往技术领先，但不开放，本土又缺少足够

在不确定的大环境下，企业战略更依赖企业家的洞见力与直感，更需要企业家发挥企业家精神。

的市场, 空有技术领先, 难以形成产业优势, 这也是日本企业技术好、产品好, 但形成不了经济发展势能的原因。

虽然我们现在倡导民营企业要走专、精、特、新的道路, 要向日本、德国企业学习, 打造隐形冠军, 但我认为日本、德国企业不代表产业互联网时代企业的发展方向, 日本、德国企业将产品做精做好的文化值得我们学习, 但它们没有产业互联网基因, 真正的产业互联网企业还是以美国和中国的企业为代表。我们应虚心向美国企业学习, 日本、德国企业代表的是工业文明时期而非产业互联网时代的专、精、特、新。实际上, 中国现在提出专、精、特、新, 是要赋予产业互联网时代专、精、特、新的新含义与新特质。

总而言之, 在产业互联网时代, 组织和人的关系、组织的运行机制, 都发生了革命性的变化。我认为用传统的思维很难解释, 要有新的思维, 要走出工业文明时期的原子思维, 走向量子思维。

> 不要简单批判流量,
> 对于产业互联网时代来说,
> 流量仍然是重要的。
> 流量就是能量场,
> 量仍然是整个组织的基础。

新型组织的8个特征

产业互联网时代的新型组织也可以叫量子组织。新型组织有什么特征? 我概述为8个方面。

特征1: 全新的4个"关系"

量子组织呈现出扁平化、网络化、去中心化、无边界的特征。

"扁平化"是指压缩、简化传统牛顿式组织的金字塔式多层级结构, 让组织决策者近距离接触一线、接触用户, 以实现信息的高效传递和流通。

"网络化"是指对内打破部门与部门、层级与层级之间的界限, 对外突破组织与组织之间的壁垒, 让组织中的每一个人、价值链上的每一个组织都成为信息传递和协作网络中的一个节点, 最终实现组织内外主体之间的资源共享、价值共生。就像阿里巴巴前总参谋长曾鸣所讲到的，任何一个企业的战略定位和组织人的定位都是在整个社会协同体系之中。要找到自己的定位，成为信息传递和协作网络中的一个节点，从而实现组织内外、主客体之间的资源共享。这也是陈春花老师所讲的价值共生。

"去中心化"并不是指一个组织没有中心，不要中心，而是指组织中的任何单元和个人都有可能成为中心，组织的中心已经分布到各个单元和节点中，具有多个中心，而且任何中心都不是固定和永久的，而是阶段性的，是随着任务和环境的变化而持续变化调整的。组织随什么而动？随客户需求而动，随市场而动，要真正以客户为中心使组织职能与流程变得通畅。

"无边界"是指通过边界的开放与可渗透，让组织可以展开深入和广泛的外部协同，对内外部资源进行整合利用，实现组织的虚拟化和开源化。在某种意义上，甚至整个企业组织都可能是虚拟化的，比如人才不再是终身雇佣制了，可以是不求所有，但求所用，从所有权思维走向使用权思维。

特征2：混沌之中有序

未来的组织是混序的。它不是基于简单的二元对立思维，并非有序或无序，而是无序之中有序，有序之中有混乱，在有序和无序之间不断调整。

过去的组织是有边界的、稳态的，有严格的等级秩序。未来的组织是与用户融为一体的生态型组织，你中有我，我中有你；乱中有序，序中有乱。我们称之为"混沌之中的有序"，也有人称未来的组织是混序型组织。举个例子，2008年的北京奥运会开幕式上有很多整齐的方阵，展现的是纪律、秩序、整齐划一，但个体是被动与机械的，这更像是一种传统组织形态，但是到了2016年里约奥运会开幕式，整个场面看上去很乱，但每个个体充满活力和激

> 企业能量越大，
> 吸附的能量就越大；
> 企业没有能量、优势、核心能力，在整个社会生态协同体系之中就没有价值。

情，整体似乱但有序。

如果用传统视角来看阿里巴巴、字节跳动，有时你会觉得整个企业乱哄哄的，但你不得不承认它是有序的，业务在发展，企业在成长。就像我们看一个现代生态园，有参天大树也有小草，这是一种自然的秩序；公园里的绿化非常整齐，这是一种人为的秩序。所以我讲的是，像阿里巴巴、字节跳动这类企业看上去乱，但实际上恰恰是一种自然的秩序，是混沌的，打破了平衡，充满活力。

对一个混序型组织来讲，内卷是必然的，可这种活力与价值完全超越了内卷所带来的问题与损耗。这也是任正非说的，保持方向正确，一个公司只有在稳定与不稳定、平衡与不平衡间保持平衡，才能保持活力。

现在还有一种说法，未来的企业全是跨界的。错！未来的企业恰恰该在有边界的地方比以前更有边界，该跨界的地方更能跨界，也就是说边界与跨界是同步进行的。组织可以随时调整结构、变化模式，最终变得更灵活、更敏捷。

总而言之，未来的组织就像变形金刚，随市场与客户需求而变化，可以呈现为任何一种形态或多形态并存，但又不会执着于任何单一形态。

特征3：自组织：每个人都是价值的创造者

量子组织扁平化、网络化、去中心化、无边界的特征决定了它的自组织本质。每个个体和团队都不再是传统组织中基于明确的分工体系而固定在某个岗位、某个角色上的螺丝钉，而是拥有多种技能、多种身份的创新者和创业者——每个人都是价值的创造者，都可能成为价值创造的中心。

现在的许多高科技与互联网企业，比如字节跳动、腾讯、阿里巴巴等企业内部就呈现了自组织特征，依据客户需求、工作任务，自动成为一个业务创新团队，然后慢慢地自演化，自进化，内生做大，就

"去中心化"是指组织的中心已经分布到各个单元和节点中，而且任何中心都不是固定和永久的，是随着任务和环境的变化而持续变化调整的。

是我们说的自组织、自适应和自演化。

不少专家认为，未来的组织要承认个体力量，我认为既要承认个体力量，又要承认群体智慧，这两者是不可分离的。不能说个体力量决定一切，个体力量即使是网红，背后也有庞大的组织在做支撑。自组织一定是有广泛的参与，既推崇个体的创造，又创造集体共识；既强调个体力量，又强调群体智慧；既重视规则约束，又倡导理智和谐；既具备稳定标准、边界规范的特征，又能保证组织内各成员间的和谐共荣，而且与外部各利益相关之间要团结协作。

特征4：拥抱悖论，兼容并包

《基业长青》这本管理学著作通过对18家卓越企业的研究，最终得出结论：一个真正伟大的公司一定不会用非此即彼的二分法使自己变得残酷无情，而是会采用一种兼容并蓄的"融合法"，即同时拥抱若干种矛盾和悖论，让两种表面冲突的力量在组织内部并存——它既能务实地追求利润，又能切实地践行理想；既有稳定持续的价值坚守，又能勇敢果断地行动变革；既有明确清晰的方向、目标，又能灵活机动地探索和实验；既坚持长期主义的理想信念，又在短期内有优异表现……

兼容并包和矛盾整合是一家卓越公司的典型特征。一个具有高度的"矛盾整合"能力，能够充分做到"鱼和熊掌可以兼得"的公司就是全球市值最高流媒体巨头奈飞（Netflix）。表面看来，奈飞是一家"温情脉脉""关怀备至"的公司：它的工作流程非常简化，甚至没有绩效考核；员工可以自由地选择休假时间，而且具体期限也不被限制。然而与此同时，奈飞又奉行规矩严格、宁缺毋滥的做事原则，比如会不断提高筛选人的标准，提高智商密度，因此会随时撤换表现一般的人。

在奈飞看来，一个想要保持发展和成长的企

对一个混序型组织来讲，内卷是必然的，可这种活力与价值完全超越了内卷所带来的问题与损耗。

业，一定会将表面上宽松亲和、实质上严格约束有机地结合起来，"宽松"与"亲和"表面上看起来是矛盾的，但它们实际上又相辅相成，并行不悖。

特征5：重视员工的强参与

新组织既强调员工是主体，又强调群体智慧；既注重员工的独特性和独立性，同时又强调员工放光彩。

过去我们说要么是旁观者，要么是参与者，现在旁观者也是参与者，参与者也是旁观者，一定是叠加的。每个员工都是组织价值的创造者，不仅拥有对组织的主导权，也对组织发展和他人进步负有责任。

近年来非常流行的游戏化管理的本质，就是通过在工作任务中设置清晰的目标、明确的规则以及公平的反馈，让员工成为积极的组织参与者。

特征6：发挥精神和意义的作用

过去强调物质力量大于一切，传统组织常常会通过控制我们的品味、需求和欲望，缔造出我们的所有需要都可以用物质来填满的假象。但在物质财富极大丰富的当下，精神和意义的作用已经远远超越物质，成为激发员工并实现他们自我驱动的重要源泉。

现在，越来越多的知识型员工出现，他们更追求精神力量、使命远景和意义。企业通过为员工提供更好的机会，让他们获得更开阔的视野，达到更高的境界，可能会比物质力量更重要。

越来越多的伟大组织也都认为自己售卖的不仅仅是产品而是意义。比如可口可乐售卖的是对乐观生活态度的追求；百事代表着年轻人的"无限渴望"；维珍售卖的是青春和打破传统的理念；苹果则代表一种极简智能生活的理念……

特征7：专注过程，把握当下

新组织特别强调专注于过程，我们叫持续奋

> **越来越多的知识型员工出现，他们更追求精神力量、使命远景和意义。**

斗,持续生存,激发潜力;新组织强调立足当下,把握此时此刻,每个人把现有的工作做好,做好现在就有未来。

竭尽全力地把握当下的每一瞬间,就在此时此刻踏踏实实地做任何一件事,把每一天都当作生命中最后一天去生活,才是每个人、每个组织应该有的正确的生活和工作方式。

特征8:组织和员工是3类"共同体"

组织和员工不仅仅是利益共同体,更是事业共同体和命运共同体。

如果说利益共同体指的是员工与企业相互配合,取得业绩,然后员工拿奖金,企业增业绩,彼此帮助、彼此成就、好聚好散;那么事业共同体就是员工和组织一起奋斗,组织和员工共担风险,共享收益;而命运共同体则是企业与员工基于共同的愿景和目标走到了一起,他们共同投资,共享收益,而且员工会全力投入,甚至将"身家性命"都压在了自己和组织的共同事业上。

与此同时,在当前这个万物互联的共生时代,随着组织内外部关系的进一步加深和拓展,组织走向"生态化""绿色化"也成为一个必然,将自己的发展与人类境遇、社会文化、自然环境紧密结合起来,同时担负起人类进步、社会发展、环境改善的职责和重任。

采编:曹雨欣、王夏苇

扫描二维码
阅读彭剑锋教授的完整"组织观"

推荐语🖊
未来的组织需要"基金化"人才

苏鑫 推荐

高和资本董事长、中欧国际工商
管理学院EMBA2003级校友

　　忻榕教授是我在中欧商学院的老师，我有幸与她当面交流过，但从不敢和她谈专业话题。在杭州的纯真年代书吧，我想起她教课的场景。

　　阳光洒进中欧商学院的阶梯教室，一位优雅的女教授正在做讲座，题目是《未来的组织与人才将走向何方？》。为活跃气氛，教授问："看到这个题目，大家有什么要分享的吗？"

　　EMBA中总有一些表现欲强的同学。一位戴着厚厚眼镜的中年男士说："未来的组织是扁平的，只有平行的两级——法人与合伙人。"

　　"面对人工智能的冲击，未来的人才是复合型人才，"戴着黄色丝巾的女同学接着说，"而个人如何实现自我价值也需要重新考量。"

　　"我认为如何充分发挥人的主观能动性是未来组织的根本问题。"一位官员模样的同学很严肃地说。

　　女教授挥手示意大家安静下来。她娓娓道来："思考未来的关键是要看到根本的变化，就是数智时代的来临。""技术带来了生产效率和服务效率的提高，"接着她讲了亚马逊的"土耳其机器人"和京东分拣中心的案例，"这些人工智能等数智技术也同样会带来挑战，如对企业文化的挑战。企业家不得不深入思考：企业到底是为了追求利润最大化而大幅裁员还是要成为长期的雇主品牌。"

　　"未来的组织有一个重大特点就是企业与员工的双向赋能。"她抬头望向远处的同学，接着提出了问题："这当然需要平台的技术来支撑，但是否仅有硬件条件就足够了呢？"

　　"我认为不是。这些被赋能的个人有了创新的能力，但创新的意愿如何、能否被激发才是关键。"官员同学站起来斩钉截铁地说，"如同细胞与生物组织的关系，没有共同的利益或目标，细胞是无法形成生物组织的。"

"你是说，强化企业文化仍是未来组织不变的策略。"教授满意地点点头。

"未来的组织和人才到底是什么关系呢？"教授自问自答，"组织与人才的关系，将从现在的雇佣为主，发展为多种情形关系，或叫混合雇佣的模式。"

"我理解，可否分为对内对外的两种关系呢？"戴着黄丝巾的女同学说，"以前组织关注与内部人才的关系，未来还要研究如何发挥外部人才的作用。"

"今天大家讨论得很热烈，我给大家留个思考题：未来的人才是怎样的？"教授最后说。

已近黄昏，服务员递过来酒单。我点了一杯黄酒，远眺宁静的西湖，思考了很久，把如下文字通过微信发给了忻榕教授。

"如果更形象地来回答这个问题，我认为未来人才可能是'基金化'人才。因为基金（资产管理机构）就是用较少的人力、较少的资源把资产的价值最大化。这不仅需要组织平台的赋能，还要求'基金化'人才成为复合型的专家。未来组织需要的人才，除了有高智商还要有高情商。因为我们将面对VUCA时代，人才需要整合更多的资源、动员更大的力量来迎接巨大的挑战。未来人才能打动别人的，除了复合的专业能力，还有更重要的，就是精神的力量。"

商业的天变了，企业与员工的关系也变了

忻榕 撰稿

中欧国际工商学院管理学教授、
副教务长（欧洲事务）

数智时代企业面临的机遇与挑战

很多人将数智时代称为VUCA时代（VUCA是Volatility易变性、Uncertainty不确定性、Complexity复杂性和Ambiguity模糊性的缩写），在这一背景下，社会经济和商业环境都面临着很大变化，也给企业在引进人才、培育人才和留住人才方面带来了极大挑战。当然，对企业来说，挑战和机遇一定是并存的。技术的发展给数智时代的应用场景带来了很大的变化。在消费互联网时期，人们为衣食住行而忙碌；到了产业互联网时期，人们开始更多关注智能互联、信息整合、数据决策、人机协作等因素给人类的社会生活带来的影响。

积极影响主要体现在两个方面：

第一，人工智能的发展大大提高了生产效率。比如，京东在广东东莞的分拣中心原本需要3000多名员工共同协作，但人工智能催生的新型员工——300多个分拣机器人将其取代，每天不分昼夜地工作，如今该分拣中心的员工人数不超过20人，人工成本直降86%。然而，企业管理者必须意识到：现在的约20名员工并不是从之前的员工中挑选出来的，他们需要新的知识、新的经验和新的背景。如何安置之前的3000多名员工？如何看待企业在社会中的责任？这些问题都需要管理者思考。

第二，人工智能大大提高了服务效率。现在，智能客服的占比约为94%，用户对其满意度比对人工客服的满意度要高3%。人工智能通过自动化设计图片，一秒钟可达8000张，为商家设计"双11"的促销海报带来了极大的便

利。这不仅能够提升服务质量、增强客户体验，还大大提升了效率。不仅如此，现在人脸识别技术的精准率也已经高达99.99%，超过了人类的眼睛。海底捞曾与阿里巴巴联合研发了一套系统，对顾客进行面部识别，顾客只要消费过一次，系统就能"记住"他喜欢哪种底料和哪些配菜。这能够有效节约成本，提升企业效率，让服务更精准。但是，从人文关怀的角度来说，这也侵犯了顾客的隐私权，所以这套系统并没有真正投入使用。

此外，人工智能也给人力资源带来了一定的挑战。亚马逊公司有一个用于整理数据的"土耳其机器人"（即Mechanical Turk，一种网络众包集市），可以将计算机无法完成的无数琐碎的脑力工作拆解为"微任务"，把数据包发给全球的工程师进行处理（见图1）。那么，这些工程师究竟是在为亚马逊工作，还是在为"土耳其机器人"工作？这是组织需要深刻思考的问题。

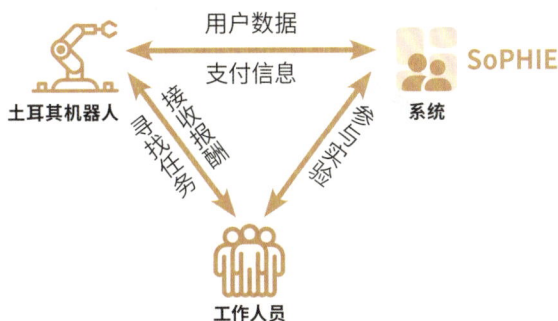

图1 亚马逊"土耳其机器人"工作流程

透视未来组织：企业与员工双向赋能

对于企业来说，未来组织的核心驱动依旧是客户资产。支付宝刚刚诞生时，只是一个提供支付功能的保障平台，但支付不是其服务的"终点"，而是数字化经营的"起点"。通过营销和运营，将生产资料中的资源打造为新业务的起点，实现客户关系管理、供应链管理，提供金融解决方案。

那么，企业如何发挥员工的创造力？以产品创新的共享设计平台洛客为例，其创始人为了让企业能够突破瓶颈，建立了一个叫"超级个体"的共生体平台。在这个平台上，客户提出需求后，洛客负责接单、管理质量、认证全球的工业设计师，把设计过程透明化。客户可以看到自己的项目处在设计的哪个阶段，以及是否满足了自己的需求，并可以即时提出反馈或者修改意见。

在洛客上，一个智能汽车的设计项目有1200万人参与。如果不是在数字化的平台上，很难想象能够聚集这么多人共同参与设计。这样的设计过程不仅提高了效率，还提高了创新、创造带给用户的共同价值，这是一个共创的平台。

对一个企业或组织来说，如何让其中的人员发挥主观能动性，创造更多价值呢？作为全球最大的轮胎制造商之一，米其林的市场份额占全球市场的20%。过去10年来，米其林进行了一场革命性的变革，把全球26家最主要的生产厂全部变为自助式管理，从原本的班长、组长、生产线的线长等6级管理制，变为了2级管理制。这就意味着所有的员工都要担任更重要的角色，组织也变为自组织、多角色、快变化的自我管理型、赋能型组织。这种转型靠的是智能化的辅助，以及管理者想要充分发挥所有员工主观能动性的决心。同时，这种转型也满足了企业的战略需求。缩短生产线能让政策和方案的制定变得更容易。

对于企业来说，未来组织的核心驱动依旧是客户资产。

组织与人才新型关系
将发展为多种情形关系

数智时代，企业在变，而这些变化中存在一个共性。京东的组织架构与竹林类似，根部互相滋养，上面各有结构，核心是共赢。顺丰鼓励员工在当地创业，如果创业不成功，企业会给员工兜底。海尔的组织是小微模式，鼓励员工在海尔的平台上创业，发展到一定程度时就可以自立门户，成为法人。在通过这种方式创立的企业中，已经有3家上市公司。成立于2011年的跨境电商公司安克，从一个做跨境电商贸易的公司，到现在能够自主设计产品，靠的就是通过"安克创业者集结计划"，给内部员工创业机会。

上述企业的类型和行业不同，但都有一个共同的核心，就是能够发挥员工的主观能动性，产生共创、赋能、共赢、共享的核心精神。

企业在发生变化，个人也在发生变化。"80后""90后"，甚至"00后"，都在积极追求斜杠人生。个体在成长和职业发展过程中，所处的环境不同，而在富足的社会下，更能激发个人对自由职业的渴望和追求。据预测，到2030年，美国会有50%的职场人士成为自由职业者，而新冠肺炎疫情更是加速了这个过程。

同时，个人有很多新的需求，哪怕退休后也依旧葆有追求新职业的热情。2020年，全国新登记注册的市场主体数量为2502万户，平均每天新增2.2万户。这些变化带来了很多智客——行业型智客、项目型智客、通用型智客和匠人型智客。组织与人才的新型关系，将从现在的雇佣为主，发展为多种情形关系，比如"雇佣+合作+使用"的模式。

企业的变化中存在一个共性，就是能够发挥员工的主观能动性，产生共创、赋能、共赢、共享的核心精神。

将来的组织将是混合雇佣模式（见图2），组织对某些人才的依赖性很强，而对某些人才的依赖性则较低。对于市场中较为稀缺而组织又比较依赖的人才，如果市场流动性较低，那就建立共生共长型模式；而如果是市场流动性较高的此类人才，可能不愿意为一家企业或者组织服务，只能建立伙伴关系型模式；对于组织依赖性较低、饱和度较高的人才，如果市场流动性较低，则建立派遣租赁型模式；而如果流动性很高，就建立市场交易型模式。

组织对人才的依赖 高	共生共长型	伙伴关系型	人才的市场饱和度 低
低	派遣租赁型	市场交易型	高
	低　人才的市场流动性　高		

图2　混合雇佣模式

未来，组织间的竞争将集中在灵活性上，彼此都不会刻板地遵从某种员工和组织的关系。不管我们是否愿意，或者是否准备好，时不我待，未来已来！🌀

原文刊登于《21世纪商业评论》

编辑：曹雨欣

推荐语✎
传统企业组织转型的"心法"

余放 推荐
安利（中国）总裁

有幸成为晓楠《组织创新：我在互联网企业的实战与心得》的第一批读者，掩卷感慨颇多。晓楠是新兴互联网企业组织文化的专家，此文更集成了她的思考精华，我觉得对传统企业组织转型也大有裨益。

传统行业的从业者始终充满危机感，这既源自商业环境和消费需求的快速变化，更来自内生的组织层面的挑战。互联网企业的组织体系和文化，正在不断颠覆传统企业对于组织的思考，众多年轻的传统行业从业者，也表现出了对互联网企业的青睐与艳羡。新兴互联网企业是传统行业很好的对标对象。

然而，传统企业的组织转型也不乏失败的案例，很多传统企业借鉴互联网企业的组织管理模式，却落得"邯郸学步"，甚至失去了过往优势。晓楠的文章揭示了一个基本原则："干法"的底层永远是"心法"，将"心法"与企业的实际相融合，才能真正找到传统行业转型的路径；在新兴互联网企业种种管理表象之外，我们更应该去关注其管理的底层逻辑。在此，我结合安利公司自身转型的探索，分享一下我的思考。

在管理者"消失"之前，新的管理模式需要提前到位。在我看来，传统企业"搭平台、给板凳、扶梯子"的新的管理模式的建立，并非颠覆式的革命，而是更像一场温和的"禅让"。在一段时期内，两种管理模式可能是并行的：借助传统管理的权威，建立新的管理模式；当新的管理模式被接受之后，再逐步弱化传统的管理手段。管理是没有"真空"的，具体的管理者、管理动作可能看不见，但背后依旧需要有法则、机制保持运作。

敏捷不是目的，是组织能力提升的副产品。敏捷不是在原有的组织模式之上的提速，要建立敏捷组织，离不开虚拟组织的建立，前、中、后台的衔接，共有知识的提炼。传统企业的组织转型是逐步覆盖的过程——以现存组织维持企业正常运作，同时建立和尝试新的组织，逐步替代功能和架构—过程中也许会出现冗余，完成磨合后却会焕发新生。

在设立组织部背后，是企业人才观的转变。从建设人力资源部到建设组织部，最核心的是视角的转变：从关注员工当下对组织的功能性价值，转变为关注人才与组织协同成长。组织部设立的前提是公司层面对战略愿景、组织愿景的长远共识，并将之赋予组织自身以及每一个人。在这一基础上，组织部肩负的职能，才能够真正融入企业发展之中。

在这里，我向各位企业管理者推荐这篇文章。我相信，对于新兴互联网企业的管理者而言，这是一份极简路线图，能帮我们避开很多似是而非的概念的误导；对于传统行业的企业管理者来说，这也是理解新组织模式底层逻辑的一扇窗口，能让我们看到那些实然之外的应然，理解冰山之下的庞大存在。

任何组织都是由团队和具体的个人构成的。在不同的行业、不同的时期，组织呈现的架构不同、工作方式不同，但核心要素从来不曾脱离高潜力、高绩效的团队和个人，新兴互联网企业只是比传统企业更直接放大了这两个要素的功能和输出结果。所以，但凡追本溯源地解决任何企业的发展问题，最终还是要回归到如何进行企业自身组织、人才的发展和凝炼上来，晓楠这篇文章可以从实践方面带来很多相关启示和帮助。

总之，管理永远是一门心怀未来、脚踏实地的艺术，期待每一家企业都能焕发出更强的组织能量。

组织创新：我在互联网企业的实战与心得

朱晓楠 独家撰稿

知名互联网企业首席人力官

互联网企业层出不穷，某种程度上代表着组织创新的方向。目前有哪些新的发展动态？有哪些经验值得借鉴？

作者为奇虎360大学创始人、百度学院前负责人、阿里巴巴集团前人才开发总监。她有近15年互联网企业及传统企业的组织发展和文化管理经验，最近5年多的时间里深耕投资管理，陪伴着十多家新兴企业成长。她系统梳理了多年互联网和新兴企业的组织文化实践，沉淀为此文。

在过去10年，你很难想象：一个刚刚成立的初创企业，研发中心有一部分员工在硅谷，另一部分员工在北京和杭州，产品经理有一部分却在上海，数据和售后服务部门又在印度的班加罗尔。而这样的企业人员总体规模不到50人，已经服务近10家大型的中美上市企业，在做这些企业的核心数据处理和增值服务。这家企业同时已经吸引风投数亿美元的资本投资，企业估值也远远超过同时期的其他企业。

当人们还在惊叹各大互联网企业远超传统企业的发展速度，在15至20年的时间里创造了传统企业很多年都难以突破的市值的时候，更加新兴的企业又在破土而出！借助传统互联网的组织发展经验和文化，它们进行着更惊人的企业发展和蜕变！

管理者正在消失

我发现在越来越多的组织中，纯粹的管理者越来越稀少。

如上文提到的那家企业一样，午餐是一张10英寸披萨的团队，服务着全球数亿用户，办公地点或许分布在硅谷、北京、新德里。这就是今天许多互联网企业的典型场景。与此同时，许多超过一定规模的企业，即使是如日中天的互联网企业也不断发出"小而美""少就是多"的言论。企业人员规模体量大的危机已经深入人心。同时，团队逐渐被调整到小而精的状态，那么管理者将去哪里？

毫无疑问，管理者正在消失。随着互联网技术深入到各行各业，去中介化的力量超出人们的想象。逐步透明和快捷的价值链条让人们不得不更多地依赖创新产生新的效益突破点。一家企业快速成长和壮大，越来越多地取决于创新，"为有源头活水来"，创新的原动力来自人才。

而现实是，日渐精干和小规模的团队中，怎么会容留过多的管理者呢？而且团队越来越依赖专家型管理者：技术或产品、运营的专家会越来越多地扮演管理者的角色。过去的项目经理已经逐步被产品经理或运营负责人所代替。"80后"和"90后"逐步成为职场的主力军，他们是快闪一代、低头一代，要求的是"轻陪伴"的管理方式：兄长式的关注和引导、朋友式的交流和切磋。平等的交流和合作方式成为员工最关注的一个团队因素。故此，**管理者需要改变过去定计划、看过程、要结果的强干预管理方式，调整为搭平台、给板凳、扶梯子的"轻陪伴"管理方式。**

搭平台：建立良好的团队文化、信息和沟通决策机制，让团队成员都能在这个平台上找到可以依赖的信息、数据、工具和方法。

给板凳：在团队中建立透明公正的决策和参与业务的机制，让团队成员能够有一席之地去发挥专长，做出决定和变革。

扶梯子：在团队中建立及时有效的反馈和评

在越来越多的组织中，纯粹的管理者越来越稀少。

价机制,让成员能够知道哪些行为是对的、继续强化,哪些行为是不对的、不能继续这样,就是在成员成长中引导和强化正向的价值观和行为准则,无形中给团队中快速成长的人员扶正了梯子,让他们离目标更近。

当管理者逐步埋头于上述工作的时候,我们就很少能看到就管理而言管理的管理者,而更多的是专家和业务型管理者,和成员一起扎到一线中去。故此,管理者逐步在人们的视野中消失,更多的是技术型、产品型、运营型管理者在现场引导和辅助成员完成目标。

敏捷组织的3个特点

在管理者消失的同时,团队并没有停止增长,组织变得越来越庞大。随着组织的庞大,各类内部沟通、管理问题突显,效率逐步低下。这是很多企业家头疼的问题:一方面不鼓励有纯粹的管理者,另一方面组织管理问题又如何解决?在多年实践中,我逐步发现单纯从管理者和团队维度解决问题是无效的,但是可以从组织维度解决,做到事半功倍。敏捷组织是当下很多企业都在积极探索、建立的组织形式。而且随着各种技术快速迭代、人才短缺等因素的不断凸显,今天不光是互联网组织,其他企业都意识到企业必须或者不得不建立一个敏捷组织形态。

敏捷组织特点1:跨团队合作

在今天组织去层级、高度扁平化的时代,很多优秀企业的很多项目都需要跨团队合作。比如阿里巴巴的"双11"完全体现了跨团队合作。一个技术保障,就需要很多相关部门一块去应对相关的问题。到关键时候,很多团队全都是混合作战,在某个项目上会有跨团队的支持、跨部门的支持、跨业务的

敏捷组织是当下很多企业都在积极探索、建立的组织形式。

支持，大家组成一个虚拟组织，这个虚拟组织虽然不在一起办公，但通过跨团队合作会实现磨合。

在敏捷组织中的团队和人员，就需要兼顾近期、远期两边的行动。职位越高，面对这种挑战越多。比如组织发展和学习系统管理者，一部分精力要投入到开放学习系统，又得负责线下的培养，同时要解决当下一些业务组织的问题。所以，排列工作的优先序是非常重要的工作能力。而有效的管理方式对排列工作优先序又有着非常重要的作用。

敏捷组织特点2：前、中、后台的工作方式

组织如何工作才能更高效？管理企业就如管理足球队一样，需要有前锋、后卫，还有能够不断变换位置的中间力量，从而实现突破或助攻。企业将组织单元从业务流上分为前台、中台、后台，从功能上分为常见的部门职能和组织结构。大部分组织只有功能性的组织结构，并没有针对业务的前、中、后台战术策略。

前、中、后台有不同的功能：前台需要每天去获取信息，与需求直接做对接；中台做大量的业务和流程、数据处理，尽量有序化、高效化地运作和解决问题；后台是制定战略和决策的关键部门，依赖前台和中台的信息、结果及时调整作战策略和后期战略。后台对数据的依赖非常重要，要用数据去做深度分析，能够解决那些未知的问题。

我来拆解一下，大家在团队中如何去构建前、中、后台呢？前台一定是一个敏捷反应组织，比如常用的就是PM（产品经理）制，进行项目需求的梳理；中台负责流程的标准化；后台做深度的数据分析和预测。如果后台足够强悍，则可以将问题反馈到前台，也知道哪些需求可以往后排一排，哪些虽然紧急但不一定重要，哪些重要但不一定紧急。那么最后我们发现，优势就在这里。

互联网企业在发展过程中是以数据为核心的，

> 一个能够支撑数百亿交易的企业面对的盘子非常大，它需要有非常强的中台和后台。

做电商、支付、物流都伴随着很多数据和信息。一个能够支撑数百亿交易的企业面对的盘子非常大，它需要有非常强的中台和后台。前端有那么多的需求，是因为中台和后台的管理是足够稳健的。举个简单的例子，就像家里有一位贤内助一样，过去她管的是两个人的家庭，将来父母都过来的话，她要面对的就是多元化的家庭。如果中台和后台能力很强的话，她完全可以解决这个问题。

敏捷组织特点3：内部业务解决和学习的共享系统非常关键

今天企业内部有用于业务解决和知识共享交流的平台是非常重要的。很多大型企业都有内部的知识管理系统，如华为、西门子、中粮等。无论是自上而下还是自下而上的业务知识管理系统，一定是一个开放的、共享的良性循环知识信息系统。

目前，很多互联网企业内部的知识管理平台是完全共享的，是所谓"草根"的内部业务解决和学习系统，类似于维基百科、知乎、百度百科、百度搜索等系统；形式有博客、圈子、文档、问答等；内容有团队内部管理实践总结和梳理等；有的是员工自发创建的，有的是团队领导要求创建的。

共享知识和学习系统中提供的是内部紧紧围绕业务发生的最佳实践和最佳解决路径，价值非常高，内容非常经典。同时，从线上的问答、圈子、博客中，能看到大家共同关注的热点和潜在需求，基于此开展线下的管理和学习就非常精准高效。

以上3点决定企业能不能成为一个优秀的敏捷组织。如果企业没有这些支撑，就无法形成敏捷组织。当企业"小而美"的时候，靠的是口碑传播，这时候企业沟通和行动绩效问题不大。但是到一定规模的时候，敏捷组织的管理方式非常重要。

业务知识管理系统，一定是一个开放的、共享的良性循环知识信息系统。

组织部是"干部部"吗？

随着组织的敏捷化，人员通常是多任务、多项目并进，并且在企业发展中，扮演的角色也越来越多元化。越来越多的人员成为组织的关键人才，他们的发展对组织能力的提升至关重要。因此，很多企业就会想办法成立专门的部门进行关键人才的管理。

不断有一些处于成长期的企业和具有一定规模的企业来咨询我：企业规模已经不小，我们不得不从人力资源部分离出组织部，听说组织部就是"干部部"，是这样吗？小米集团刚上市，雷军就提出成立组织部，华为和阿里巴巴这些企业的组织部也声名在外。那么组织部到底是什么？什么时候成立？组织部对组织能力提升有什么贡献？这些同样是很多企业实践中的困惑。在经历多年实践后，我在这里分享一下组织部的特点。

组织部负责的是整个组织的能力指标：其一，组织能力是否支持经营的永续性；其二，整个组织的技术、产品、服务是否具备可延展性、可延续性；其三，整个组织人才是否具备竞争力、吸引力以及文化的可持续性和不被稀释。

这些是非常软性的指标，对组织而言又非常重要。所以，组织部并不好做。组织部更多地将原来分解到事业群和业务线的业务与人联动起来，起到为整个组织储备能力的作用。如果把各事业群和业务线比作单独军团的话，一旦打起仗来，就会容易出现组织整体目标的遗忘和丢失。所以，**组织部就是要确保仗打赢了，组织还能在大家低头拉车的过程中，储备和培养抬头看路的能力，确保这个组织既能打仗，又能治国**。Everything for future（一切向未来），是组织里非常重要的功能和系统能力。很多中国企业是研究了中国共产党的发展历程

组织部就是确保这个组织既能打仗，又能治国。

和美军联合作战机制，以及考察了信息化时代的军校教育，推出了自己的组织部。如果说事业群和业务线负责的是当年的营收和结果，那么组织部日常的运营是为了确保企业未来3至5年的能力发展和目标的可实现性。

组织部又必须做得"润物细无声"。因为组织部是一个相对对象松散的组织，即使是实体的组织部也是一个运营功能与设计功能比较明显，而非过多显示权力的部门，既不能过于强势干预业务，又是关键的决策和人才部门。阿里巴巴会把晋升、激励一定级别的管理者的功能放到组织部，这样组织部就虚实结合。

建立组织部要视组织的发展阶段、内部管理基础、业务规模等区别实施，可深可浅，并不可执一而论。有的企业管理基础薄弱，组织部不得不往前补位，进行管理基础的补位，像HR一样，完善一些业务专业服务体系的工作模型和责任描述等。有的还要预测业务最终输出的服务是什么，对应的组织能力是什么，是方案解决型还是标准产品服务交付，甚至要协助确定组织战略、策略和模式。有的组织部比较聚焦，并不完全限定为关注高端人才和干部，而是会关注组织整体能力，是人与业务兼重的。

比如小米的组织部，目标在于促进中层甚至底层管理者进行跨业务部门的交流，有效地丰富了梯队建设，使公司既有纵向人才，又有横向人才，同时避免了人员不流动、近亲繁殖的问题。此外，小米的组织部还强化了业务板块，更加强调扁平化、细分化，这一点主要体现在两个方面：一是生态链企业中，一些表现突出的部门，比如小米笔记本、智能硬件、有品电商和IoT（物联网），都独立出来，成为与生态链平行的部门；二是加强总部职能，合伙人回归集团，把一线业务阵地交给年轻人，同时从战略和公司管理层面为年轻的管理者引路护航。各个公

一切向未来，是组织里非常重要的功能和系统能力。

司组织部均重视人才梯队建设和培养，把组织建设、可持续发展、战略规划放到了头等位置。

所以说单纯地将组织部定位为"干部部"是不对的。组织部是将关键人才与业务目标实现、组织能力发展整合在一起的关键部门。它的职责绝不单纯是管理干部、评价和界定干部任职资格等，而是以业务目标牵引，联动关键岗位上的关键人才，进行组织能力发展和储备。

以上是我结合多年企业实践，从三个不同维度对互联网企业的组织和文化进行的分析和分享，期待能够给企业家们带来一些组织文化实践参考。🦢

编辑：曹雨欣

> **组织部是将关键人才与业务目标实现、组织能力发展整合在一起的关键部门。**

张瑞敏 推荐

海尔集团创始人
海尔集团董事局名誉主席

推荐语✐
企业界需要一场"文艺复兴"

加里·哈默教授是我非常尊敬的教授，2010年我在美国波士顿第一次和他见面，之前我们并不认识，但他在《管理的未来》里提出一句话，"将人类束缚在地球上的，并不是地球的引力，而是人类缺乏创新"，对我触动非常深。到现在为止，加里·哈默教授所有的书我都看过，包括《组织的未来》这本新书，我也非常认真地读过，我想以这本书为中心来谈谈组织的变革。

现在的组织面对的不是要不要变革的问题，而是如何变革、如何能够成功变革的问题。《组织的未来》指出了一条很好的变革路径，书中有很多洞见性的观点，大概有3个观点对我们今天的变革非常有益。

第一是以人为本的观点。书中说要释放人类的精神，树立以人为中心的新的价值观，这对所有企业的帮助都非常大。旧的价值观是什么？是以资本为中心，带来的是股东价值最大化。现在我们要以人为中心，那么就应该让每一位员工的价值最大化，二者是两种截然不同的观念，这个非常重要。

在某种意义上说，我觉得加里·哈默教授的这个观点算是企业界的文艺复兴。14世纪到17世纪的文艺复兴的目标是人性的解放，从以神为本变为以人为本，加里·哈默教授提出了这个观点，企业也应该从过去的以CEO为本变为以员工为本，就像德鲁克先生所说的，每个人都是自己的CEO。海尔讲"人单合一"，就是把"三权"即决策权、薪酬权和用人权都下放给小微、给员工，让每个员工成为创客，成为自主人。这是非常重要的第一点，就是对人的观念的改变。

第二是利他观点。利他，就是帮助他人，书里说要无私地帮助他人，完成他们想象的事情。过去的企业中是没有这个目标的，传统企业不会说利他，而是说企业不是慈善机构，是个盈利单位，一定要把利润做到长期最大化。这么做的依据来自亚当·斯密在《国富论》里的论断：市场是一只无形的手。既然是无形的手，竞争就非常激烈，不可能去利他，而是要利己，因为企业要发展。

但是，亚当·斯密还有另一本出版时间更早的书《道德情操论》。在《道德情操论》中，亚当·斯密没有说市场是无形的手，而是说市场有看不见的心，这个心就是良心、同情心、利他的心，每个人都有帮助别人的心。问题在于能不能创造一种机制，让大家有利他之心。

海尔创造了"人单合一"的机制，其中的"利他"可以分为两个层面。第一个层面是帮助所有员工完成他们想象的事情。员工想象的事情是什么？就是能不能自主、自由地发挥潜力，创造价值。所以说要先帮助员工成为一个自主人，成为自己的CEO。第二个层面是在员工成为自主人、自己的CEO之后，让他们去帮助用户完成用户所想象的事情。用户想象的事情是什么？不是到商场里买大规模制造的东西，而是个性化体验能被满足。这两者结合起来，就是企业对社会的利他。所以，这是重要的第二点，也就是对企业的观念的改变。

第三是改变目标的观念。书中说，不是要赢得游戏，而是要改变规则。这句话非常像詹姆斯·卡斯在《有限与无限的游戏》开头所说的，"有限的游戏以取胜为目的，而无限的游戏以延续游戏为目的"。传统的企业都以取胜为目的，要战胜对手、成为行业的老大，但是抱有这种观念的企业，哪一个在老大的位置上坐得住？世界500强企业的寿命越来越短，很多知名品牌转瞬就不见了，说明这个路子走不通；企业一定要以延续游戏为目的，改变规则就是改变游戏时限，让游戏可以延续下去。

怎么延续？第一，组织要变成生态，就像亚马孙雨林一样生生不息，有生死轮替、不断发展，而不是像一个静态的盆景。第二，企业要与用户无穷交互，而不是与用户交易。现在很多企业把产品生产出来，卖给用户，交易就结束了；如果能不停地交易，用户的体验会升级，企业也可以与用户无穷交互，得到无穷的价值循环。

人本主义是
治疗官僚主义的良药

[美] 加里·哈默 撰稿

管理思想家、伦敦商学院战略及
国际管理教授

你了解下列数据吗?

·1955年名列《财富》500强的企业,如今仅剩下11%。

·20世纪50年代,标准普尔500指数企业的平均寿命是60年,现在的不到20年。

·2010年至2019年,美国上市公司上报的重组成本为5500亿美元,这是迟来的或落后的战略更新的代价。

大部分企业都不想在到达顶峰后走向衰落,然而数据证明:世界正变得日益动荡,速度快过绝大多数公司适应能力的增长速度;制度惰性是一种痼疾,而且代价高昂。

企业中看似寻常的官僚主义场景包藏着制度失能的祸根。和所有技术一样,官僚主义也是时代的产物,在19世纪诞生后,一度改变了过去组织中领导者任性善变、决策全凭主观臆测、计划无章可循、工作反复无常、监管参差不齐的局面,带来了生产率的增长。但它也带来了不菲的代价:它牺牲多数人的利益,赋予少数人权力;它鼓励整齐划一,打压奇思妙想;它把活生生的人强塞到狭隘的岗位职责里,剥夺人的主观能动性。这并不是个别管理者的过错,而是整个管理制度的问题。

如今,组织内外部环境都发生了巨大变化:员工不再目不识丁,他们的技能更加娴熟;竞争优势来自创新,而不仅仅是规模;沟通是即时性的,而不是迂回曲折的;如今的变革速度一日千里,不再是原来缓慢的模样。

旧的管理模式深深根植于官僚主义,追求管控的最大化,以此提高组织效率,这一点必须改变。我们要用人本主义取代官僚主义,二者有本质上的不同:

在官僚主义模式中，人是工具，组织雇用人来制造产品或服务；在人本主义的模式中，组织成为工具，它是人们用来改善自己和为之服务的人们的生活的工具（见图3）。官僚主义的核心问题是"如何让人更好地服务于组织"，人本主义的核心问题是"哪种类型的组织能激发人，值得人全情投入"。人本主义的组织范式不再把人视为"资源"或"资本"，而是把以人为中心的原则落实到架构、系统、流程和实践中。人本主义会赋予组织新的力量。

> 人本主义的组织范式不再把人视为"资源"或"资本"，而是把以人为中心的原则落实到架构、系统、流程和实践中。人本主义会赋予组织新的力量。

官僚主义

人本主义

图3 官僚主义 VS 人本主义

自主性的力量：
激发员工的自豪感和热情

在哪类组织中，人们最负责，最投入，最愿意全力以赴、倾尽所能、甘冒风险、挑战传统思维？以我们的经验而论，答案是初创企业。

在成功的初创企业里：开创的热情把员工团结在一起；团队小型化，政策灵活多变；层级较少，不存在太多循规蹈矩、繁文缛节，沟通方式是群策群力；雄心勃勃的目标和紧凑的时间表迫使每个人运用有限的资源办成更多的事；重视和奖励主观能动性，鼓励每个人审慎地冒险。换句话说，初创企业大胆、简单、精益、开放、扁平、自由——通常没人用这些词语形容典型的、笨拙的成熟企业。

所有权是创业精神的基石。耶鲁大学法学院教授亨利·汉斯曼认为，每一名企业主都有"控制企业的权利和享有企业剩余收益的权利"，也就是做出决策的自由和收获财富的机会。虽然注重形象的雇主常把打造"员工品牌"和加强"员工价值主张"挂在嘴边，但是几乎没有哪一家成熟企业会为新员工提供自主权和利润分享，这种做法成了常态。原因何在？似乎最合理的解释是，在高层领导者眼里，员工只是做着廉价工作的商品资源。说得更准确些，这就是一种歧视。这种对普通员工的蔑视会遏制创造力和主观能动性的发挥。

那么，你会怎样在自己的组织里提高员工的自主性？下面几点建议可供参考。

（1）从重新分配你自己的权力开始。退出关键决策，由团队成员来决策。

（2）如果你的企业还没有建立利润分享计划，应该尽力促使建立这一计划，并且确保这一计划覆盖所有员工。在业绩良好的年份，利润分享应该为平均薪酬带来10%或者更高的提升。

（3）在可能的情况下，把大型业务单元分拆为多个小型业务单元。一般来说，单个运营单元的人数应该保持在50人以下。

（4）业务单元自负盈亏。做到总部人力成本分摊的最小化，避免围绕具体KPI指标设定工作目标的做法。

（5）扩大一线运营团队的决策权。把部门战略、运营和人员的决策责任交给团队成员。

（6）削弱有损一线部门自由度的传统政策。为业务单元赋权，支持它们对组织统一提供的服务议价，并在认为交易不合理的情况下选择退出。

（7）业务单元一旦真正实现了自负盈亏，个人和团队的薪酬就势必暴露在风险中。要切实提高个人和团队的薪酬，确保高于平均水平的业绩带来高于平均水准的奖酬，多劳多得。

每个组织都能成为主人翁的联盟，激发员工的自豪感、热情以及熟稔的专业能力和非凡的业绩——它们都是人本主义的主要特征。

所有权是创业精神的基石。

市场的力量：解放员工的创造力

市场向所有人开放，消费者就能获得更好的选择，企业也会变得更高效，这是亚当·斯密"看不见的手"带来的回报。绝大多数首席执行官也深知自由市场的益处，但他们的企业是按照计划命令式经济搭建的，决策权高度集中在最高层。我们必须懂得市场拥有哪些有利条件，然后想方设法把这些有利条件复制到我们的组织中来。

一是集体智慧。如果一只股票的价格是由一个公司的首席财务官决定的，我想你不会买入，因为你希望自己支付的是公平的价格，也就是由市场决定的价格。为了形成估值，市场会聚合海量信息。以谷歌的股价为例，它反映了投资者所知的所有可能影响谷歌未来盈利能力的因素。同理，一个人、一个小组也不可能洞悉与重大战略决策息息相关的所有信息。然而，极少数高管被赋予没有边际、毫无根据的信任度，这样的情况太常见了。

无论是评估新产品的潜在回报、重大重组还是新市场营销策略，集体智慧都可能成为宝贵的资产。建立内部舆论市场耗时费力，但总比在业务上栽个大跟头的代价要低得多。

二是可分配的敏捷性。市场的资金分配决策是分布式的、冷静的和动态的，投资者可以自由地把资金投向自己喜好的领域。在官僚主义机构中，重大决策是由少数高层管理者在争夺预算的会议上做出的，这些会议通常高度政治化、争论不休；兜售创意也要沿着级别的链条环环向上，无法与近期重点工作同步的创意或者有碍高管教条的想法都会被否决。

我们认为，每家企业都需要建立一支内部天使投资人团队，这能带来更多的创意、更高的热情、更少的盲区、更快的发展等，这都是形成进化优势

> 建立内部舆论市场耗时费力，但总比在业务上栽个大跟头的代价要低得多。

的关键因素。

三是动态协同。市场能带来令人叫绝的协同合作，你打开购物网站，会发现需要的商品应有尽有，这就是市场的魔力。订立和执行合同当然需要耗费时间和金钱，但是立足市场的协作通常要比官僚主义做法更高效，也更灵活。

以中国的海尔公司为例，海尔的小微团队通过合同网络绑在一起，它确保了层级组织的协同优势，还带来了市场的种种益处——自由度、对客户的责任感、对创新的激励。对海尔的恰当描述不是权力关系的金字塔，而是"亲兄弟明算账"的合同串联的生态系统。

四是富有竞争力的团队。首席执行官们往往会说自己热衷于竞争，但为什么他们会容许自己的组织中存在垄断现象？内部职能部门，例如人力资源、战略规划、市场营销、财务和法务，通常都是组织中唯一的供应商。

在公开市场里，内部职能部门理应在提供服务方面占优势，想必它们要比外部人士更了解本企业的业务，而且在与内部买家沟通方面占据更有利的地位。所以，内部职能部门如果没有提供有竞争力的服务，就应该退出舞台。就像海尔公司一样，每个内部管理团队都应该真正地自负盈亏，维持自身的生计。

集体智慧、可分配的敏捷性、动态协同和富有竞争力的团队——这些都是市场的恩赐，它们对经济的活力和组织的韧性都是必不可少的。那么，如何在你的组织中落实市场原则？下面几点是关键。

（1）挑战领导者，让他们公开承认，在复杂的、不确定的世界里，集中式、自上而下的决策方式存在局限性。

（2）验证带有内部舆论市场的重大战略方案的优势，审视人们是如何为相互竞争的项目排序

内部职能部门如果没有提供有竞争力的服务，就应该退出舞台。

的,观察人们是如何评判重大新方案实现其里程碑式的进展的可能性的。

(3)要警惕扭曲资源分配的种种因素,要求决策者采取积极措施消除这些扭曲。

(4)确保内部创新者有机会获得多种财务资源,在形成投资决策时发挥大家的力量。

(5)在任何可能的情况下,借助公平合同来引导物资和服务的内部流动。避免强制命令、间接费用分摊和集中决定的转让价格。

(6)把行政职能部门变成更小的业务单元,让它们与外部供应商正面竞争。

(7)随着时间的推移,慢慢扩大普通员工的管辖权。由他们决定企业价值,评判高层领导者是否晋升,提出收购目标,发现低价值的官僚主义套路,等等。

市场在驾驭人类智慧和主观能动性方面的能力是无与伦比的,它能从官僚主义的束缚中解放创造力。因此,市场对建立人本主义至关重要。

英才机制的力量:
激发员工的最高水平

在追求机会均等的过程中,我们能够感受到英才机制无可争议的价值——不看人的社会地位和个人关系,保证让每个人自由地做出贡献,获得成功,任人唯贤的制度提高了人才的回报。

反观官僚主义,理论上是一种贤能者居上的制度,拥有突出能力的人得到擢升,业绩较差的人居下。然而,实践中的组织很少能实现这种理想状态,就连接近都很少见。

要在组织中建立真正的英才机制,可以参考下面几点。

(1)先请同事对你在一系列领域中的专业技

> **市场在驾驭人类智慧和主观能动性方面的能力是无与伦比的,它能从官僚主义的束缚中解放创造力。**

能给出评价，并对你带来的增加价值做出评价。然后把这些评价分享给团队的其他成员，请他们提出改进建议。邀请人们追随你的领导。

（2）在更广泛的意义上确保能力和业绩评价由同事做出，确保每个人至少有5名评价者，还要让这些评价对每个人公开透明。

（3）在所有聘用和晋升决策中给予同事评价显著权重。

（4）尽可能把薪酬同职位分离开来，使之更紧密地与同事评价联系在一起。

（5）重新设计决策流程，更多采纳那些具备相关能力，并且得到了同事验证的人的意见。降低职务权力在决策形成过程中的影响力。

（6）赋予团队成员"解雇"专横、无能领导者的权力。

（7）为人们创造更多建功立业的机会。鼓励团队成员在不同岗位之间轮换，让员工挑战难度更高的任务，向一线团队成员开放管理培训机会，投入时间辅导他们。

人本主义的目标是创造环境，激励每个人发挥自身的最高水平。如果组织中有很多人认为只有吹牛大王才有机会出头，认为自己的能力和贡献常常遭到误判，认为只有高管才能拿到绝大部分的利益，那么人本主义的目标是不可能实现的。解决这些有害问题的良方是英才机制，这项机制是创造以人为本的组织的核心要素。

社群的力量：
为共同目标团结在一起

官僚主义体制在解决常规问题时表现卓越，比如处理数以百万计的信用卡交易。它们在整合多种输入信息方面同样表现优异，前提是协调工作得到

> 如果组织中有很多人认为只有吹牛大王才有机会出头，认为自己的能力和贡献常常遭到误判，认为只有高管才能拿到绝大部分的利益，那么人本主义的目标是不可能实现的。

了清晰的界定。面对新问题,需要新的、没有现成脚本的合作模式时,官僚主义组织会被难住。

市场同样无法解决前沿问题。它能揭示偏好,例如发现有多少人愿意花5.5万美元购买一辆特斯拉Model 3,但无法解决"如何设计一辆自动驾驶汽车"之类的新问题。

为解决新问题,人们必须克服无法预见的障碍,扩展认知边界。只有社群能更好地做到这一点——一群彼此接近、相互信任的同道中人对彼此负责,为共同目标团结在一起。

社群是一种通过信任关系组成的网络,社群是由力图开创新局面的人组成的。社群的沃土培育出了更多的奉献、能力和创造力,它们是官僚主义组织干涸的田垄无力产出的。因此,"以业绩为导向的社群"是人本主义组织的中坚力量。

如何在组织中加强社群纽带的作用?下面列出7点建议。

(1)为你所在的部门——如果可能,最好为整个组织——重塑使命宣言,使之在情感上与每位团队成员产生共鸣,为他们树立共同的事业目标。

(2)尽一切努力为团队成员提供技能和信息,帮助员工实现协作,做出集体判断。帮助员工减少对管理者的依赖。

(3)在与人交往时,寻求机会表露自我,同时鼓励他人做出同样的表露。用温柔体谅之心对待在工作之外遇到困难的人。

(4)请团队成员指出,哪些工作的自主权可以带来更好的顾客体验或更高的运营效率。细心、稳健地扩大员工的决策权。

(5)设定以团队为基础的目标和奖励,鼓励团队成员之间的责任与担当。

(6)创造机会,鼓励员工在工作中相互补位,培养相互尊重,不失时机地消除职位和等级造成的

重要的是把目光放长远,强大的社群并不是短短1个月甚至1年就能建成的。

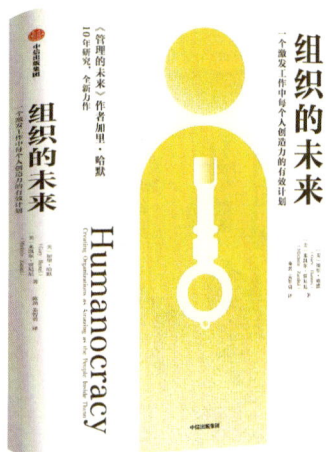

差异。

（7）招聘更有同理心的人，遵循黄金法则，为善行善举欢呼喝彩。

最后，重要的是把目光放长远，强大的社群并不是短短1个月甚至1年就能建成的。

结语

拥抱人本主义的原则和实践，我们就能建立新型组织，让组织和身在其中的人们一样富有韧性，充满创造力和热情。堤坝一旦被拆除，排山倒海般的创新洪流就会被释放。解放人的灵魂——这是人本主义的承诺，只要具备勇气和决心，你就能为自己、为自己的团队和组织做出这样的承诺。每一段史诗般的征程都是荆棘密布的，但它终将实现。

摘编自《组织的未来》

编辑：王夏苇、田兴宇

《组织的未来》

[美] 加里·哈默 著

中信出版社
2021年11月

要向肥猫学习，态度不缓不急。冷眼瞅着世界，与人若即若离。

插画摘自 @ 老树画画

喜家德水饺的
组织进化三部曲

高德福 独家口述
喜家德水饺创始人

杜中兵 批注
巴奴毛肚火锅创始人、董事长

我分享下喜家德经历的10年组织调整历程和心得。

组织变革是被逼出来的

2012年，喜家德总部在大连成立；一直到2015年的3年时间里，总部陆续请了10余位中高层管理干部。虽然每个人都有很多想法，但这些想法很难落地。我们最初认为是聘请的人能力不够，可后期通过大量的交流和反省，我们慢慢发现，不是他们的能力有问题，而是整个公司的组织配合度不够。

补充一个背景，2012年喜家德全面实行合伙人制，不做加盟店、直营店，就等于整个喜家德用合伙人的方式来运转，请职业经理人参与门店管理和经营。但在实践中，我们发现职业经理人很难推动合伙人落实新的管理经营方法。换句话说，用职业经理人管理合伙人是有问题的。

合伙人制的优点是什么呢？门店经营与合伙人本人有关，他会尽心尽力地去做。缺点是什么？合伙人不愿意冒险，不愿意拿自己的店做尝试。所以当职业经理人推动一项新的机制，或者是一个新的项目时，所有的合伙人都持观望态度，他们都希望别人先试验这个新机制，试验成功了再做，试验不成功的话就不浪费时间、精力和金钱了。

因此，出现了职业经理人管理不了合伙人、管理效率低的局面。对总部来说，企业花高薪聘请职业经理人却没有产生实际效果；对合伙人来说，企业总部没有提供管理经营上的帮助；对职业经理人来说，想法不能推行也很沮丧。

杜中兵 批注①:

> 当高总通过实践发现"用职业经理人管理合伙人是有问题的"之后,尝试用合伙人管理合伙人就成了喜家德探索组织方式的初衷。方向越明确,坚守就越容易,就像是寻找一个靶点,开始时可能前方只有一个模糊的方向,道路并不清晰,这就是"模糊的正确性";有了基于初衷的不断探索和坚守,道路就越发清晰,最终形成喜家德独特的"合伙人制+合伙人,通过平台管理合伙人"的组织方式,充分调动起组织能量,让合伙人既能赚钱又有发展前景。这正是高总作为企业家的力量:让自己的决策变正确!

杜中兵 批注②:

> 让决策变正确,不仅要靠信念和坚守,还需要有道路和方法。一旦"得法",往往会出现势如破竹之势。梳理清楚平台的核心问题,找到对的人,就是将有限的资源配置到关键的地方,就是喜家德组织模式有效运转的"窍",是组织飞轮的撬动点。
>
> 喜家德在正确的道路上跑了起来,2016年还模糊的组织模式,2017年年底就有模型了,2018年开始转动起来了,"合伙人可以管理合伙人"的假设得到了验证。

总之,我们的组织变革不是自发地从骨子里生长出来的,而是在企业经营的过程中被逼出来的。既然合伙人不听职业经理人的,那是不是能听他们自己的呢?基于这个想法,我们在2016年开始进行变革。

第一阶段:
找到事情的核心,找到对的人

从2016年到2018年,我走出去做了大量的交流学习,公司也请进来很多老师,帮忙筹划、指导平台怎么做。最初构建了"四大业务板块+一个支持中心"的总部平台职能组织架构。

一开始绝大多数人还不看好,认为这个组织架构是转不动的。我差不多花了两三年的时间说服大家接受、理解。组织内推行新架构的关键在于选人,谁擅长,谁做出成绩,就把谁放到平台上当台长。

台长除了自己开店、自己做业务之外,还要承担一部分行政工作。但2016年到2017年是失败的,公司选出来的台长并没有取得什么成绩,包括我在内,大家都很迷茫。为什么呢?其实还是我们没有找到核心问题。

2017年我们开始纠正这个错误,重新梳理了一遍公司真正亟须解决的问题和核心,把这些台长重新分配了一次位置。我记得效果最显著的是运营台长和人才台长的调换,取得的成绩很明显。所以重要的还是把事情的核心找到,再把对的人找到,就容易出结果。

到了2017年年底,新架构基本上有模型了,大家都认同它是有用的。各个平台逐渐建立各自的机制,并且开始一点点转动。又差不多用了3年的时间,平台的运营能力变得稳定。这是平台组织结构转型的第一个阶段:找到核心和对的人,平台能用了。

第二阶段：平台发挥管理作用

2018年年底，各个平台开会汇报成绩和进度时，有好有坏，但总体上运行是顺畅的。2019年到2021年，我们开始优化机制，为了更好地解决问题，大家将部门、平台做了拆分，根据业务目标的差异，建立不同的小组，并且选出组长。2019年以后，平台发展出培养干部的新作用。我们想提拔谁，就安排谁上平台做贡献，锻炼自己，否则就没有跨区域发展的资格。

同时，我们也开始在每个小组实行打分制，给每一位伙伴打分。这是第二阶段：平台真正发挥了管理作用，让700家门店正常运转。

第三阶段：全面数字化

2022年进入平台发展的第三个阶段——全面数字化。我们从原先的单纯靠责任心、靠文化驱动员工开展工作，进入流程化、数字化，最后实现绩效科学评估，给所有有贡献的人奖励。平台台长可以优先任意选择他们要去的城市，之后轮到组长选，再到组员选，这是公司对他们的激励手段。

平台全面数字化后，每人做出的贡献实际上是完全可以量化的，公司据此表彰，多劳多得。

如今，平台已经能把组织运转起来，且做到优胜劣汰——用数字化手段选出平台上做出成绩的人，逐步晋升；做得不好的人一定会被淘汰——形成一个新的决策层。<u>不把公司的命运完完全全地依附在某一个人的身上，这是平台最有价值的地方。</u>

总部平台职能组织架构如图4所示。

杜中兵 批注③：

> 组织的魅力在于既需要人才又不依附于任何一个人；在于将个人智慧组织化，通过"制度标准化、标准流程化、流程信息化"来实现组织理性，通过量化的、数字化的方式将个人贡献"称重"，多劳多得，鼓励先进，淘汰落后，打通合伙人发展通道，培养平台专家，将个人利益和组织利益统一起来，形成"1+1>2"的效果。这是高总关于组织模型探索的卓越成果，也是高总对喜家德人才的肯定和用心。

董事长

开店营建板块 | **运营板块** | **市场板块** | **人才板块** | **管控板块** | **服务支持板块**

开店营建板块：
- 开发平台 (1人)
- 网络规划平台 (1人)
- 资产管理平台 (1人)
- 营建平台 (1人)

运营板块：
- 一城一策平台 (1人)
- 标准优化平台 (3人)
- 认证平台 (4人)
- 营销平台 (2人)

市场板块：
- 产品研发平台 (2人)
- 内容设计平台 (2人)
- CRM平台 (2人)
- 品牌管理平台

人才板块：
- 人才平台 (2人)
- 饺子人才发展中心 (8人)
- 合伙人管理平台 (1人)

管控板块：
- 监察部 (19人)
- 财税平台 (26人)
- 裁定平台 (8人)
- 法务部 (2人)

服务支持板块：
- 信息化平台 (8人)
- 战略流程部 (4人)
- (9人) (2人) (4人) (3人)

下属各组：

开店营建板块：省会及以下城市组、特级城市组、调研分析组、营业额预估组、二装及闭店组、设备管理与优化组、系统与材料组、监理验收售后组

运营板块：BLM模型组、CAS调研组、前厅标准优化组、后厨标准优化组、人效组、培训追踪组、技师认证组、管理组认证组、亲子活动组、预决算组、设计组

市场板块：研发组、产品线组（7个）、地采组、平面设计组、音视频设计组、会员营销组、公众号运营组、新媒体运营组、舆情公关组、全国性广告组、餐具工装组、员工工装组

人才板块：招聘干部组、招聘员工组、人力标准组、企业文化组、教务组、讲师组、干部发展组、干部选拔组、干部监察组

管控板块：内部审计（稽核）组、成本组、税务组、划责仲裁组、数据组、价格监督组、风控组、法务组、开发组、开发建设组

服务支持板块：流程组、运维组、平台绩效组、组织效能组、总部人事管理组、运营管理组、总部行政管理组、上海行政管理组、大连行政管理组、总部财务组

注：平台人数为总部坐班人数

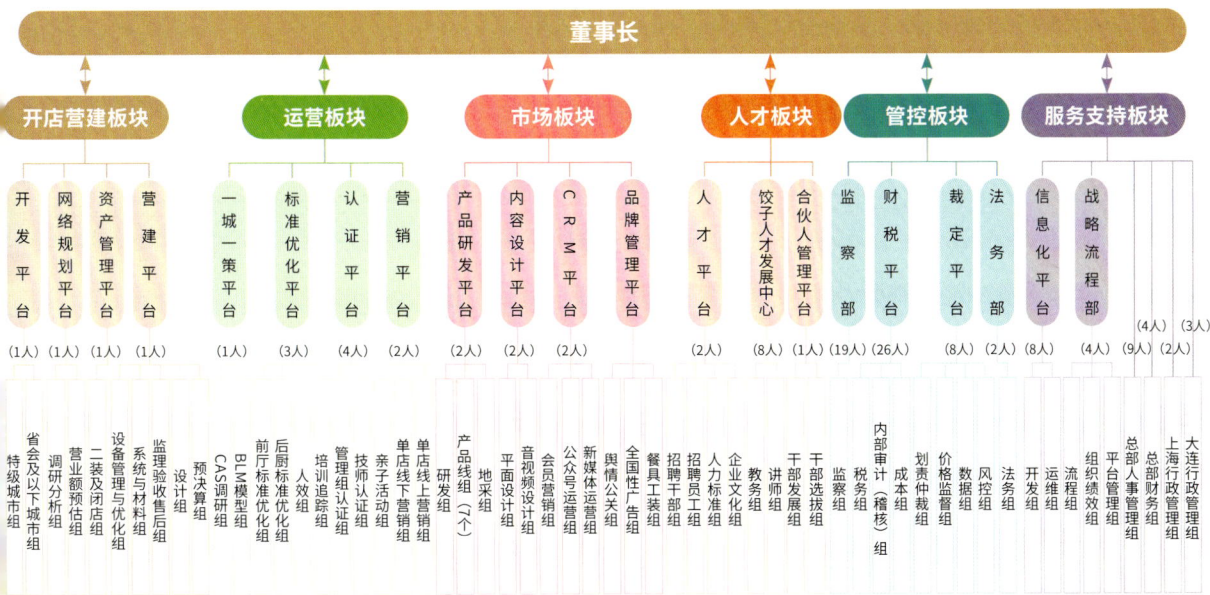

图4 总部平台职能组织架构：四大业务板块+一个管控板块+一个服务支持板块

打好组织这场仗

实际上，喜家德的组织进化是一步一个台阶地走到现在。最终这个平台要实现的是使机制一代代地传承下去，使新进者一步步成为优秀者、担当者，最后成长为决策者。这样，我不用选接班人也能退休。现在我在各个平台里已经被一点点地弱化了。原先搭平台的时候，我都进到工作群里跟大家互动，但我现在可能在群里待了两三个月都不说一句话。

每个行业都有各自的特征，喜家德的这套组织架构在其他行业不一定能够实行，但是对于我们这种极其传统的餐饮行业，尤其是连锁企业能运转得动。在传统餐饮行业里，决策的机会不是特别多，但是每个阶段都会有决策，在定新机制的时候，企业就很看重变革。

未来，我们希望通过这样的机制培养更多I型人才（专业型人才）。一个员工只要有一种核心能

力，就能成为平台上的专家；多个I型人才在一起就形成一个大的平台，并且是一个很稳固的平台。

相对应的一个概念是T型人才（复合型人才）。T型人才的流失率大，变动大。而我们的合伙人流动率很小，一旦他们成为重要的合伙人之后，可能几年下来只有一两个人被淘汰，我们的合伙人不一定要通过跳槽才能取得晋升空间。I型人才，到现在为止还能让企业更好地运行，只要平台的负责人选对了，跟同行比是更优秀的。所以，这种机制未来能让组织自运营。

培养I型人才的关键还在于培养专家型人才，并且让他们相互依赖，形成喜家德独特的竞争力。现在整个快餐行业里，喜家德处于劣势地位。"快餐"在于"快"，我们不快；若再缺乏了性价比，企业的竞争力一下就变弱了。实践中，我们能看到这些平台在一点点起作用。组织能根据实际情况自我进化，现在我们有了一城一策平台，全国分了几大片区，一个片区一个策略，根据当地的饮食习惯和消费习惯而定。

组织这场仗打不好是肯定不行的，这场仗打不好，企业的竞争力就会变弱。我们这些年不断在组织机制上进行改动，改动之后会发现：每次在挑对人、调整对人的情况下，企业都能产生新的竞争力；企业若推行数字化就要全面数字化；不管是什么组织都离不开流程。

企业需要及时看清组织到底是在哪里出了问题，就在哪里补上——有时是需要外界的眼光看行业的未来在哪儿，有时也需要喜家德这种自生长的平台筛出一批人，打造出企业内部的人才晋升阶梯。☯

> **不把公司的命运完完全全地依附在某一个人的身上，这是平台最有价值的地方。**

杜中兵 批注④：

> 只要企业在发展，组织进化就不会停歇，企业必须随着顾客、竞争和业务的变化而变化，甚至通过组织进化打造企业独特的核心竞争力。一种组织模式行之有效并不意味着一直有效，成功的企业家往往也会不断革新自己，不断突破边界。在组织问题上，我们不是要寻求"灵活变化的问题的答案表象化和确定化"，而是要寻找"一把以不变应万变的钥匙"。期待喜家德组织模式不断进化，祝福喜家德长盛不衰！

采编：曹雨欣、田兴宇

推荐语✎
企业内联盟，企业间共创

顾建党 推荐

菲尼克斯（中国）投资
有限公司总裁

埃隆·马斯克曾说："所谓创业，就是嚼着玻璃凝视深渊。"国辉坦言，自己低估了创业的难度，但从未想过放弃。蘑菇物联创业6年，从半年花光拼凑的200万元，直到今天不仅生存下来，而且被一线投资机构青睐，这与国辉的专注、坚定、坚持是分不开的。

在工业互联网这个词还没出现时，国辉就投身工厂智能化，立志要降低工业设备运维成本，为工厂节能减排，可以说是前瞻布局工业互联网赛道，与时代趋势共舞。蘑菇物联从创立伊始就拥有推动社会进步和产业发展的崇高使命和愿景，我想这是它今天可以立于潮头的原因之一。

做企业，短期看产品竞争力，长期看组织能力，再好的战略都需要强大的组织来支撑。如何凝聚共识、稳定军心，如何协同合作、攻城略地，如何让组织和其中员工的关系富有韧性、充满热情和创造力？在国辉的带领下，蘑菇物联总结出了适合自身发展的《蘑菇物联联盟制员工手册》，其正在推行的联盟制是目前优秀创业公司的特色组织的缩影。在联盟制下，员工和企业不只是雇佣关系，更多是一种互惠互利的价值共生关系——个体与组织之间不再是零和博弈，而是追求增量，这不仅对创业企业非常重要，也为处于成熟期且拥有跨世代员工的工业企业提供了全新的管理思路。对的人一定会相遇，2021年，我和国辉"一见钟情"，蘑菇物联和菲尼克斯也正式携手，共同打造以赋能全电气社会为使命的企业战略合作联盟生态。

"独木不成林"，菲尼克斯中国10年前就认识到了生态的重要性，在2014年成立了菲尼克斯电气智能战略推进联盟，在中国，为中国，建生态、赋生态，作为生态的推动者、建设者与赋能者，将自身兼具内外视野的优势和理念带给中国企业。同年，菲尼克斯中国成立了共创会，以成员之间相互赋能、相互成就为目的，以"打造智能制造产业生态、引领产业互联网之路"为宗旨，投资众多本土优秀企业，寻找、发现并助力智能制造领域的中国"隐形冠军"。目前，共创会已经集聚了包括蘑菇物联在内的19家企业，2022年年底预计将达到30家。

此外，国辉还推崇稻盛和夫先生的管理哲学，怀抱利他、正直及善良的初心为社会做贡献，以客户为中心将事情的价值做到极致。蘑菇物联在联盟制中强调责任、信任和机制，鼓励自我驱动、价值观驱动，这与菲尼克斯倡导的"最有企业家精神的职业经理人团队"的发展理念不谋而合。

倡导和坚守企业家精神，是菲尼克斯中国多年来贯穿始终的灵魂。德国菲尼克斯集团1993年进入中国，在近30年发展中形成独特理念："信任=责任""最中国的德国企业，全球视野、中国引领"。菲尼克斯中国始终坚持100%本土团队和100%本土管理，不以短期目标为导向，倡导主人翁精神和自我驱动，赋权并激励员工成为问题解决者和有商业头脑的决策者，推动个人和组织协同可持续发展。

蘑菇物联和菲尼克斯虽处于不同发展阶段，但都通过描绘满怀梦想的愿景，与全体员工共有，同时提出具有大义名分的使命，点燃员工的使命感，还探索出适合自己的机制土壤，使组织中的每个人都可以成为自己使命和责任的推动者和践行者。

组织是生命体，需要持续成长、迭代进化，其核心目标只有一个：生生不息。经营企业是日复一日判断的积累，身为企业家更有必要反复修行，磨砺灵魂，坚定意志，不断自我突破、自我迭代，使命引领，负重前行。

蘑菇物联创始人：
我们的干劲来自联盟制

沈国辉　独家口述

蘑菇物联技术（深圳）
有限公司创始人&CEO

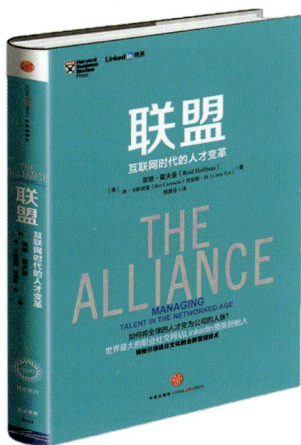

《联盟：互联网时代的人才变革》
[美]里德·霍夫曼、本·卡斯诺查、
克里斯·叶 著

中信出版社
2015年2月

互联网时代的公司组织形式应该是怎样的？许多互联网"大厂"里，员工之间乃至公司官方层面都习惯互称一声"同学"，如同校友关系一样。工业互联网公司蘑菇物联的创始人沈国辉以此为灵感，在公司内建立了名为联盟制的公司治理理论和组织形式。《决策之道》编辑部近期与沈国辉进行对话，探讨了联盟制的来龙去脉与实际效应。

《决策之道》：蘑菇物联在什么背景下提出了联盟制？

沈国辉：蘑菇物联是在2020年3月首次公布联盟制，但在2019年的下半年就开始酝酿了。因为当时我们已经形成了一种集体读书的氛围，内部也互称同学，读完书还会考试，而且强调一起运动，把运动和读书做成了惯常性的团建。这让我想到，大家就像是一帮同学、一个足球队的队员，一起参加比赛，一起攻坚克难，一起夺得冠军，那么蘑菇物联的底层治理理论应该和传统公司不一样。

传统公司里企业和员工是雇佣和被雇佣的关系，而当时我看到一本源自硅谷的叫作《联盟》的书，又联想到华为离职员工的群叫"华友会"，阿里巴巴员工从阿里"毕业"之后加入"阿里校友会"，腾讯也有"腾讯校友会"，就思考互联网大公司为什么都会有"校友会"。"校友会"是什么？是比喻大家在之前的公司里是同学一样的关系。我把这些贯通起来，就笃定地判断大家在公司里像同学、伙伴、盟友一样相处，应该是一种新的公司组织形式、新的公司治理理论，所以我借用《联盟》这本书的书名，把这种公司治理理论命名为联盟制。

有了联盟制的定义之后，我就决定将联盟制写出来，落地成文。我也想过是不是模仿《华为基本法》，叫作《蘑菇物联基本法》，但"搞山寨"不是我的风格——蘑菇物联很喜欢定义名词，公司的组织架构、产品线、产品命名、内部代号都有自己的一套名词体系——所以也不能叫"基本法"，想来想去，最后命名为《蘑菇物联联盟制员工手册》（以下简称《联盟制员工手册》）。

《决策之道》：联盟制公司治理理论鼓励自我驱动、价值观驱动，这样的工作氛围是如何在蘑菇物联形成的？

沈国辉：蘑菇物联是一家非常强调价值观的公司，在《联盟制员工手册》诞生之前，一直都强调大家的主人翁精神，强调自我驱动、价值观驱动。

2016年3月25日蘑菇物联开始创业，2017年1月6日就公布了第1版公司价值观，那时产品刚刚起步，销售额几乎可以忽略不计，我就结合还不满1年的创业状态总结了4个词：诚信、激情、创新、开放。诚信是底座，在底座之上要激情奋斗；有激情也不能乱用激情，要朝着创新的方向保持激情；怎样才能创新？保持开放心态才能创新。这4个词在逻辑上是环环相扣的，这就是第1版公司价值观。后来随着公司的发展，价值观又做了2次迭代。

价值观的定义是可以总结出来的，但要推行、深化到每个人的心中，是一件比较复杂的事，除了要天天讲、月月讲，还要有各种各样的事实来支撑价值观的逻辑，让价值观和日常行为匹配，不能价值观说一套，日常行为做一套，搞得像人格分裂，这没有意义。

当前的职场上，特别是我们的团队里，主体人员已经不是"80后"，更不是"70后"了，而是"90后""95后"。这个群体通常有更充分的物质基础，又是互联网的原住民。他们往往不会太在乎收入多

大家在公司里像同学、伙伴、盟友一样相处，应该是一种新的公司组织形式、新的公司治理理论。

> 价值观的定义是可以总结出来的，但要推行、深化到每个人的心中，是一件比较复杂的事。

1000元或者少1000元，传统的奖罚管理手段对他们来说是不太奏效的，那么能用什么方式来刺激他们？我认为就是要靠主人翁精神、价值观驱动来形成凝聚力，让他们在无人监督的时候也能正直行事、自我驱动，这才符合新时代的公司治理趋势。

说得直白一些，过去的雇佣制里，领导像监工一样，员工像雇佣兵一样，"你给我钱，我给你卖命；你给多少钱，我就卖多少命"，这种雇佣关系没有多少乐趣，不太能够唤起"90后"员工的奋斗感。管仲讲"仓廪实而知礼节"，与"70后""80后"相比，哪怕都受过充分的教育，"90后"因为成长的时代背景、物质丰富程度不一样，精神丰富度也不一样，只搞一点物质刺激意义不大，而是必须要满足他们的精神需求，让他们加入联盟，一起披荆斩棘、过关斩将，满足自我实现的追求，甚至是找到人生理想和社会价值。

《决策之道》：目前蘑菇物联的人力效能激发的状态是怎样的？

沈国辉：蘑菇物联从创业之初就强调主人翁精神、价值观驱动，所以公司内部是没有太多条条框框的管理制度的。它在本质上不是一家强制度型的公司，而是一家靠氛围、文化和清晰的分工来进行人力效能管理的公司。人力资源效率的支撑点是自我驱动、使命驱动这些无形的东西，我们内部甚至会讲蘑菇物联是一家很像"打了鸡血"的公司。

为什么我们像"打了鸡血"？这种气质一定是由内而外散发出来的，它来自文化，来自使命、愿景、价值观以及联盟制下灵魂与肉体的匹配。

联盟制是一种灵魂，要白纸黑字写下来；分配文化就是肉体，更得落在行动上，让每一个人都有机会成为公司的股东，这一点不兑现，《联盟制员工手册》就是一张废纸。

蘑菇物联的分配文化是怎样的？一是分配股权，根据股权激励机制分配大家创造的增量价值；二是分配现金，分配从市场上赚回的利润；三是分配权力，特别是话语权、决策权，让每个人都可以说话，任何人可以跟任何人沟通，充分尊重每个人，让每个人都能自由发展。"三个分配"做好了，团队可不就是嗷嗷叫了吗！人力效能更不用说，我们一直可以用相对较少的人做出外面可能需要1倍的人才能做出的事情。

《决策之道》：联盟制理论认为"公司是全体员工的公司，股东与员工之间是联盟关系，全员都有机会获得股权或参与利润分配"，可否介绍蘑菇物联在这个方面的举措与收效？

沈国辉：蘑菇物联的早期员工极少有人离职，为什么？因为充分的股权和利润分配。我发自内心地想让公司的联盟成员有机会获得足够的股票，而且是实体股票、跟注册资本对应的股票，不是虚拟的股票。

现在蘑菇物联还有大把的ESOP（Employee Stock Ownership Plan，即员工持股计划），员工持股平台里有充足的实体股份可以用来分配。可能有一天，蘑菇物联的实体股份分完了，只能分虚拟股，或者连虚拟股也很少了，对员工的分配激励模式或许会发生变化，但我并不希望公司走到这一步。

所以，蘑菇物联还有动态股权机制，就像华为和小米一样，是一个动态股权公司。员工持股平台并不是锁死的，发完了就没有了，而是可以不断扩大的，创始人的股份也可以转到员工持股平台。几位早期创始人的股权是动态的，员工持股平台里的股权也是动态的，都会根据在公司发展中的贡献来分配股权，贡献越大，持有的股份就越多。有了这种机制，就可以保证哪怕蘑菇物联的人数很多，后来

不能价值观说一套，日常行为做一套，搞得像人格分裂，这没有意义。

为什么我们像"打了鸡血"？
这种气质一定是由内而外散
发出来的，它来自文化，来自
使命、愿景、价值观以及联盟
制下灵魂与肉体的匹配。

者也还是有分配到股权的机会。当然可能越往后，可供分配的股权额度就越少，这一点没办法，但一定要保证有机会，有机会和没有机会是完全不一样的。延伸来说，为什么我们国家的年轻人，嘴上说着"躺平"，实际却还在拼命奋斗甚至内卷？在我看来，这说明中国社会向上的通道没有锁死，年轻人还有很多机会。在蘑菇物联，我们也一定要为年轻人提供这样的向上机会。

我曾经在公司里表达过自己的态度：虽然我自知跟任正非先生有很大差距，但我会不断地向他看齐。而且，我和他有一点是一样的，那就是心态，哪怕我只有1个点的股份也无所谓，我根本不追求个人股份比例占多少，我可以公开做出这样的承诺。

公司股权分散，没人做主、没人拍板，会带来灾难，但今天的法律已经允许在持有股份很少的情况下保留话语权，从而保证公司不会乱，这样一来就没问题，可以把公司做成大家的公司，我确信我有这样的胸怀，我愿意做这样的事情。

《决策之道》：蘑菇物联的联盟制实践让公司充分激发了员工的人力效能，员工也得到了充足的话语权和利益分配，那么客户可以从联盟制中得到怎样的益处？

沈国辉：这要讨论联盟制和雇佣制的核心差异，**雇佣制的逻辑是"目标—监督—考核"，而联盟制是以"责任—信任—机制"为核心的。**

雇佣制强调目标，在联盟制里目标却变成了责任，也就是我们不要以公司下达的目标为导向，而是要以肩膀上所扛的责任为导向。那么，我们肩膀上扛的是什么责任？是客户。我们写下的每一行代码、研发的每一个硬件、所做的每一项工作，都是为了更好地服务客户。只有让客户获得价值，我们才有价值。所以，责任这个词，是以客户为出发点来表述的;而目标这个词,是以公司为出发点来表述的。

雇佣制强调监督,在联盟制里监督变成了信任。不再有高层领导、职能部门监督员工,员工只需要把客户服务好、让客户满意,客户说好就是好,至于公司的人怎么看,那不重要,公司只需要信任员工,最终看员工怎么把客户服务好。这是从监督到信任的变化逻辑。

雇佣制强调考核,就是重视绩效考核、追求KPI的逻辑,联盟制强调的是机制。机制是自我驱动的,虽然机制里面也包含考核指标,但逻辑是从追求KPI转向了自我驱动。

所以,在联盟制的视角下,目标变成了责任,监督变成了信任,考核变成了机制。"责任、信任、机制"都是为了服务好客户,以客户为中心的价值观也因此能够彻底落地。

管理学大师德鲁克表达过一个经典的观点,"管理者的权力是顾客给予的"。一个公司里所谓的审批权、决策权、话语权、分配权,其实都是客户给予的,那么我们当然要以客户为中心,而且不能让这句话只作为口号、不去落地。怎么才能落地? 公司管理制度的内核要全面以客户为中心,让员工基于"责任、信任、机制"的逻辑来服务客户,同时也能充分获得精神回报和物质回报,这样,客户想不被感动都很难。

当然,并不能说有了联盟制和"责任、信任、机制"这3个词就完事了,一个组织里一定有人是不靠谱的,会有人不符合预期。对此,我在《联盟制员工手册》中写了这么一句话:

"我们给予每一位加入团队的新同学极大的信任。我们假设每个人都能够自觉做好分内的工作,自觉保守秘密,包括你在内。公司在这个假设的基础上运营。事实上,会有人打破这份信任,也会有人疏忽自己的责任。我们不会因为那些让我们失望

把公司做成大家的公司,我确信我有这样的胸怀,我愿意做这样的事情。

**有价值的东西应该分享，
有穿透力的文化会发酵，
像茅台酒一样，
时间越久就越香。**

的人而改变信任。取而代之的，我们会让他离开。"

我在为《联盟制员工手册》写下这句话的时候，内心是激动的，我觉得我说了句真话。这句话听起来有点生硬，但能够真正理解这句话的人，会知道这句话的魅力所在。

再好的机制、再好的组织，都会遇到一些不靠谱的人或者不合适的人，那么，遇到之后怎么办？组织是不是要改变自己的机制？不是，让不靠谱、不合适的人离开就可以了。

我们要确保，能够在蘑菇物联长期工作的人，都认同并遵守联盟制，不要有人疏忽自己的责任、破坏公司的信任，如此，我们才能在联盟制"责任、信任、机制"这3个词的引领下，将"以客户为中心"落实到位，让我们的产品研发、销售、交付、运维、职能部门，都以客户为中心——不仅要让客户获得价值，更要为客户创造可测量的价值，让客户能强烈地感知到我们提供的价值的分量——我相信没有哪个客户会拒绝这样的服务。

在此，我很愿意和企业界同人分享《联盟制员工手册》。我曾经被问到会不会不舍得分享出来，我说不会，难道我会害怕别的公司成长起来，端掉我的饭碗吗？如果一个公司的饭碗轻松被别人端掉，那就是活该被端掉，这代表公司没有价值、没有竞争力。有价值的东西应该分享，有穿透力的文化会发酵，像茅台酒一样，时间越久就越香。

《决策之道》：再好的机制都不是普适的、完美无缺的，就像不靠谱的人不适配联盟制一样。那么，联盟制是否还会在公司治理上伴生其他问题？联盟制适用于怎样的企业？

*沈国辉：*是的，联盟制的确也存在一定局限性，我对此也有过相关思考。

第一，联盟制会导致员工过于有参与感、话

语权，可能带来决策的低效。有时CEO表达了一个观点，大家不一定马上就干，而是会继续思考，会想想CEO的观点到底对不对。甚至有时候，我已经把问题想清楚了，但为了让大家充分理解我，还得再开个会——不是宣贯会，而是共创会。开会总是要花时间的，但宣贯只需要30分钟，而共创可能就需要3小时，这就是效率的降低。当然，在效率降低的同时，也有一个额外的收获，就是修正一些既定想法，可能我在一个问题上想清楚了8分，通过共创会能把还没想清楚的2分也弥补完整。

第二，联盟制强调"任何人可以和任何人沟通"，这在信息高效传递的同时也会带来信息不对称。雇佣制普遍采用科层制的组织架构，领导掌握的信息通常是比下属更多的。在蘑菇物联，为了公司的整体利益、快速解决问题，所有人都可以也应该与其他任何人发消息、写邮件、打电话或面谈，这当然也包括和我沟通，而且不需要经过任何允许。这就带来了问题：下属知道的信息，领导未必知道，甚至一些工作在领导不知晓的情况下就开始运行，这也会增加一些沟通的成本。

所以，**关于什么样的企业适用联盟制的问题，我认为答案是知识密集型企业。**一个知识密集型企业中的个体，哪怕是刚刚入职，哪怕是身处最基层，但掌握了必要的知识，就能够借助自己的逻辑思维和主动思考，尽可能地规避联盟制下交流过于灵活、过于民主的问题。

如果一个公司不是知识密集型企业，可能会受到上述两个局限性的干扰，但也可以采用变通的实践方式，比如在研发部、战略部等知识密集型部门实行联盟制，让员工充分发挥能力，至于一些重在执行的部门可能更适合命令式的管理。这就是说，在同一个企业里，可以根据不同团队的属性，灵活采用相匹配的管理模式，好比蘑菇物联位于深圳，

在同一个企业里，可以根据不同团队的属性，灵活采用相匹配的管理模式。

> 只有从上到下、从下到上达成双向共识，才不会有实践障碍，不会产生精神分裂。

深圳的文化可能和其他城市有一些不同，但不妨碍大家在每个城市都找到属于自己的幸福。

《决策之道》：您对有意在企业中引入联盟制公司治理的企业家有何建言？

沈国辉：联盟制从归纳思想到执行落地，再到赋能公司业务发展，最大的障碍就是公司上下能否达成共识，只有从上到下、从下到上达成双向共识，才不会有实践障碍，不会产生精神分裂。一个公司精神分裂就太可怕了，还不如用雇佣制，简单直白，起码不至于说一套做一套。

在我看来，一个公司达成联盟制共识最大的关键就在于创始人、一把手、CEO，在于一号位的胸怀是否开放。如果一号位没有充分的思想准备，联盟制一定不会完整落地，一定会慢慢走样。比如一号位能否像任正非先生一样，把自己的股份稀释到1个点都无所谓，这个问题想清楚了没有？如果一号位有了足够的心胸和准备，和员工达成共识并不困难。为什么？因为它符合人性，谁不想成为公司股东？谁不想多拿点钱？谁不想在决策里多点话语权？一号位一定要想明白，这不是在分割自己的权力、股份和利益，而是在成就自己、成就企业。

所以，如果让我给企业家建言，我想用金庸武侠小说中的秘笈《葵花宝典》里的一句话来概括：欲练神功，引刀自宫。企业一号位一定要彻底重建由内而外的认知闭环，克服掉人性中那部分狭隘的自私，不要认为实行了联盟制是自己牺牲、他人享受。联盟制的本质就是打碎小我，成就大我，在成就他人的同时成就自己，是创始人与公司所有伙伴结成联盟，一起走向未来、共同成就的关系。🌓

采编：王夏苇

延伸阅读：蘑菇物联《联盟制员工手册》（节选）（Version1.2 版）

责任 Responsibility

千斤重担人人挑，个个头上有指标。我们会给每一位同学清晰的责任关键词、目的和目标。如果你不知道属于你的"责任关键词、目的和目标"，请找你的TL[①]，这是他的责任。在这里，"没人跟我说过"这种借口永远说不过去。

你的第一职责——每个人的第一职责——是让这家公司成功。如果你看到能够改善我们工作方式的机会，大声说出来，就算它不属于你工作的责任范围。蘑菇物联的成功与你息息相关，所以，说出你的建议，分享你的主意。只有自己知道的好主意一文不值。

信任 Trust

我们给予每一位加入团队的新同学极大的信任。我们假设每个人都能够自觉做好分内的工作，自觉保守秘密，包括你在内。公司在这个假设的基础上运营。事实上，会有人打破这份信任，也会有人疏忽自己的责任。我们不会因为那些让我们失望的人而改变信任。取而代之的，我们会让他离开。

机制 Mechanism

我们所有的机制都是为了保障你有意愿、有积极性想把公司做成功，并期待着公司成功。薪酬考核、期权、OGSM[②]、KPI、奖惩、培训、会议，包括这本手册，都是机制的一部分。我们提供的是跟一般科技公司不同的，既能保障你快乐生活，又高弹性的薪酬模式。

---

① TL, Team Leader, 团队领导。

② OGSM, Objective（目的）-Goal（目标）-Strategy（策略）-Measurement（测量），目标项目化管理。

沟通 Communication

为了公司整体的利益，蘑菇物联的所有同学都可以也应该与其他任何人发钉钉、发微信、发邮件、打电话或面谈，只要他们认为这是解决问题最快速的方式。你可以与TL交流，可以与TL的TL交流，你可以直接找另一个部门的任何人直接沟通，你也可以找Gary（沈国辉）沟通——不需要其他人的允许，你可以与任何人沟通。但你应该意识到，沟通是为了解决问题，而不是传播负能量，也就是所谓的个人情绪。

反馈 Feedback

我们希望你积极反馈你的工作进展，而不是等到出事了或者目标完不成了再说。

我们鼓励你和你的TL就你的工作表现和目标做非正式的讨论。如果你希望你的TL给你反馈或者任何形式的输出，请积极主动询问。不要等到你的TL主动找你聊，或者等到公司召开复盘总结会才了解你为了有更好的工作表现而需要的反馈。

扫描二维码
了解蘑菇物联创业之路

扫描二维码
阅读蘑菇物联《联盟制员工手册》全文

读书时有所得，与友山前论争。但求一个明白，其他随了秋风。

插画摘自 @ 老树画画

有味

浪中行舟: 关于企业家精神的6个悖论
——重新理解企业家精神(中)

田涛 独家撰稿
华为管理顾问

企业家是"困扰经济模型的幽灵"

我在《栖息在桥上,还是彼岸?——重新理解企业家精神(上)》一文讲过,企业家精神的供给曲线是营商环境与企业家自我实现动机的契合与互动,但在营商环境的阶段性、周期性、局部性发生变化时,企业和企业家在面临重大挫折和危机时的复原能力则尤其关键。著名经济学家高尚全在几次考察华为,并与任正非进行三个小时的交流之后,对我说:看一家企业的竞争力有许多维度,抗危机能力更能说明问题。过去几十年,全球经历过最少三次大的经济危机,还有国家的宏观调控、行业本身的起伏动荡,企业挺过来了没有?挺过了几个经济周期?挺过来后元气大伤还是变得更强大?这个过程中,企业家绝对是灵魂人物。

企业和企业家能够一次或者几次渡过危机,也许源于一种命运侥幸;或者源于企业家的意志品质,所谓"熬"字经;或者源于多巴胺原力,即凯恩斯所称的"动物精神"——活力和冒险精神。这些因素的确都很重要,是商人和企业家天然具备的禀赋,只不过表达的力度和表现的强度有所不同罢了。但这些更多发自企业家天赋本能的因素,却远远不足以支撑企业在"危机如林"的漫长岁月中,从艰难走向卓越,乃至伟大。

经济学家威廉·杰克·鲍默尔说,**企业家是"困扰经济模型的幽灵"**。我在长期观察和研究中国、美国、欧洲一些著名企业家的人格特质、思维特征、领导力与行为方式时[1]，最深刻的感受是，**这些以数字追求为目标的卓越企业家，恰恰是在数据模型框架之外的极少数人，是永远无法用数字"称重"和衡量的"两极分裂"的极少数人，是那种一旦跨过1%极限就会被称为"精神病患者"的另类人**，最典型的莫如霍华德·休斯[2]，一个20世纪60年代美国的"国家英雄"，却是精神异常者。

我总是把《病夫治国》[3]和《生而癫狂：霍华德·休斯传》两本书推荐给企业家和研究领导力的人士对照阅读，这两本书所描述的政治领袖和企业家，尽管经历与成就不同、个性与品格不同，但其思维与领导风格具有两大相似之处：一是极端性，二是悖论性。

真正卓越的企业家无不是悖论主义者。他们拥有强大的非理性能量，拥有狂热的激情，同时也拥有近乎冷酷的理性；他们是冒险家，同时也是保守主义者；他们拥有罕见的使命精神，同时也是极端的现实主义者；他们是不可救药的乐观派，与普通企业家相比，总能在绝望中看到月食的背面，但他们也时常对盲目乐观抱有怀疑与警惕，比普通企业家更具有强烈的忧患意识，甚至恐惧感；他们是

---

① 在我们探讨企业家精神和领导力的过程中，阅读大量的东西方企业家传记，并从这些卓越人物的五彩斑斓、光怪陆离、跌荡起伏的苦难与辉煌的成长史、人格史、意志史、命运史中抽丝剥茧，勾勒出某些共通的特征与成败逻辑，应该不失之为一种重要的研究方式。

② 霍华德·休斯（1905—1976年）：飞行员、电影制片人、导演、演员，一个集天才与疯狂、放纵与自闭、仁慈与冷酷、勇敢与怯懦于一身的美国著名企业家。他是一个"掌管着巨大财富，却无法掌控自己"的"拥有一切却一无所有"的"怀疑狂"，却在20世纪60年代被美国媒体冠以"国家英雄"称号，成为美国大众追捧的偶像级人物。

③ 《病夫治国》（皮埃尔·阿考斯等著）一书的中文全译本由新华出版社于20世纪80年代出版，内部发行。2005年，江苏出版社出版删节版。我在近40年前第一次阅读此书，三天内无分昼夜，连续了两遍，其中几章曾反复阅读。两位作者，一位是著名记者，一位是医学博士，他们从医学、生理学、心理学、政治学等多元视角剖析了20世纪具有世界影响力的政治领袖们复杂的个性特质与风云激荡的政治生涯。此书虽有颇多"专业立场的武断之论"，却不失为领导力研究的重要参考书。

秩序主义者,同时又崇尚自由,他们深谙组织管理的第一性法则,是在"欲望与克制"之间寻求动态平衡;他们无不具有强烈的扩张性,但他们也大多在思维品质上拥有难得的收敛性;他们在情绪上大多具有易感性——自我感动与感动他人,但他们也无不是孤独者。

以上种种,正是本文试图揭示的企业家精神的几大悖论。

悖论一:99%与1%,冒险家与保守者

1486年,西班牙女王伊莎贝拉一世对探险家哥伦布说:"去吧,我相信你会带着黄金和香料回来的。我允许你以我们的名义去冒险,我也允许你失败。"[1] 伊莎贝拉一世堪称全球风险投资者的鼻祖,哥伦布堪为冒险家的鼻祖之一。

不确定性是企业经营管理活动中一个复杂且迷人的现象,**企业家始终需要面对的是:内外部环境变化的不确定性和分散性知识、有限理性甚至完全无知二者之间的冲突张力**。而企业家精神的实质,一是不确定条件下的"判断性决策",二是通过创办企业、扩大经营、有效管理实现自己的"判断",从自己的判断中获得物质和精神的回报。"判断—决策—行动—结果(验证成功/验证失败)"的轮番递进,是企业家精神最典型的呈现模式。一旦懒于判断,企业家将与普通人无异;一旦盲目决策,企业家将与赌徒无异;一旦敏于思而倦于行,企业家也许可以转型做"无用之用"的学者,但绝不可做企业家,企业家是天然的行动派;最后更重要的是,他做出了判断,也做了决策,展开了行动,但结果可能是失败的。真正卓越的企业家是那种不断发出判断、不断策动决策、不断发起行动,并不断接受失败挑战和

---

① 见《管理的异端》(阿特·克莱纳著)。

资本与人才都是需要用胜利的"歌与酒"持续激荡的。

成功诱惑的少数人。正因此，我们才有充分的逻辑认为：**企业家是人类社会的稀缺物种，不是任何从事市场活动的人都可被称为"企业家"**。

伊莎贝拉一世深谙"什么是真正的企业家精神"：冒险与成功是一对孪生体，冒险与失败也是一对孪生体。但**对企业家自身来说，必须首先记住伊莎贝拉一世的第一句话（投资天则）：我相信你会带着黄金和香料回来的一投资回报**。她包容失败，甚至鼓励失败，是为了最大限度地激励哥伦布去冒险，因为将企业家的冒险精神放大到99%的极限，虽然风险增加了，投资回报率也可能倍数增强。但冰冷的现实是：**在逐利的商业世界，赢得成功是唯一标尺，失败只不过是迈向成功过程中的一组音符**。屡战屡败而少见成功，不仅伊莎贝拉一世这样的有长远眼光的"投资人"会疏离你，你的大多数的追随者也会因失败带来的普遍沮丧弃你而去。资本与人才都是需要用胜利的"歌与酒"持续激荡的。

一位国内著名的基金管理人对我说：投资就是投人。什么样的人是我看重的投资对象？保守的疯子。他举例说：两个人从1000米高空往下跳，一个看着蓝天白云就兴奋，不管不顾地就跳了下去，另一个虽然也兴奋，甚至比第一个人更兴奋，但他在跳之前会反复检查降落伞是否已系好。前者是真疯子，后者最有潜质成为企业家。这些年，商场上有很多"真疯子"，王石这样的少数人却是真正的企业家。王石一大把年纪去攀登珠峰，他是疯子吧？但他是"全副武装"朝上爬的，这和他做企业的风格是一致的，他是99%的疯子，但他1%的"保守"很强大。王石和任正非那一代成功企业家的共同特点是：**他们骨子里都是保守主义者，更准确地说是激进的保守主义者，对"降落伞"的偏好不亚于对风险的偏好**。

王石对任正非的评价是：北非之狐（沙漠之狐）。这是第二次世界大战时期一位著名德国将军隆美尔的称号，一个勇猛与谨慎、勇于冒险又"冷静狡猾"、"鹰"与"狐"集于一身的杰出军事将领。

悖论二：
两个99%，狂热激情与现实理性

几年前，当我得悉一位著名企业家成天沉迷于写诗诵诗时，我对朋友说：这家企业快迷航了。朋友说，那位企业家是从诗人转型从商的，企业曾经很红火，这几年比较艰难。我答，做企业从来不是诗和远方，要么彼岸，要么死亡。**企业家角色代表着最复杂、最微妙又最危险的领导力，是哲学与诗的双重支配力。**

诗人般的狂热，是企业家的必备气质，如乔布斯、马斯克。企业家都有一种宿命魔力的狂想病，但正如马克斯·韦伯所论，**理性化才是现代商业文明的核心。卓越的企业家必须同时拥有一种深刻的理性化气质。**

那些优秀的人为什么愿意相信你并追随你？是因为你所编织的故事与愿景足够宽阔与灿烂，能够让他们的欲望、力量与智慧有安放之地，使他们的多巴胺有充分释放的空间。许多优秀的人选择相信，并持续选择相信你，也是因为你并非那种"热血一上头，什么都不顾"的浪漫诗人或草莽英雄，让他们的梦想与成就不至于在一个人的非理性狂热中毁于一旦。**99%的狂热激情与99%的现实理性的悖论统一，是那些一流组织家最理想化的领导力特质，也**从而创造了企业史上一系列令人惊异的高密度智力合作的杰出范例。大规模和超大规模的合作最能展现企业家的类宗教魅力。一流企业家是商人中的"数字诗人"，是想象力与激情的化身；也是商人中的"实用哲学家"，是理性主义的现实模版。

在一个充满着膨胀的欲望和严峻外部压力的环

> 一流企业家是商人中的"数字诗人"，是想象力与激情的化身；也是商人中的"实用哲学家"，是理性主义的现实模版。

> **多巴胺带来的欲望与激情的超常释放，在过往几十年造就了一批千万富翁、亿万富豪，但同时毁掉了一些财富帝国。**

境中，市场的高度复杂性才是最严酷的现实，仅靠想象力与激情是远远不够的，甚至是摧毁性的。但更令人扼叹的是，我们有太多的商人是靠嗅觉决策的。我查阅和研究了过去20年10个省市的首富的致富史与浮沉史，发现他们拥有一些共同特质：突兀崛起于某项产业政策的潮头，又瞬间跌落于潮落之时；有的很少读书，但十分注重学习和琢磨中央文件和领导人讲话；频繁变换赛道，什么流行就扑向什么；摊大饼式的多元化；高负债与短债长投型的扩张并购；拍脑袋战略与粗糙的自信。这些特质也表现在一些拥有良好教育背景的企业家身上。他们既缺乏"诗人式"的想象力，又缺乏冷静、严谨的理性化沉思。

多巴胺带来的欲望与激情的超常释放，在过往几十年造就了一批千万富翁、亿万富豪，但同时毁掉了一些财富帝国。为什么一位曾经身价超过200亿元的省级首富，最后变得几近两手空空？为什么一些富翁戏剧性地眨眼间变成了"负翁"？仅仅是经济景气与否或者营商环境变化的原因吗？

优秀的企业家，他们的左右脑必须保持平衡。

悖论三：
蜜蜂与蝗虫，欲望的释放与节制

必须承认，人类社会中，越是优秀分子，其欲望越强大，各领域皆然。对商人们来说，欲望既是一种本能，也是一种关于财富的想象，一种如何看待财富、获取财富、分配财富的价值观。

杰夫·摩根在《蝗虫与蜜蜂：未来资本主义的掠夺者和创造者》一书中，以形象化的比喻对资本主义（市场经济）进行定义：资本主义（市场经济）在本质上鼓励掠夺者和创造者，这两者就如同自然界的蝗虫与蜜蜂。蜜蜂代表勤奋的创造者，代表群体间的分工与高度合作性，集体智慧胜过个人智慧；蝗虫则代表贪婪与寄生性。乌托邦主义的主张是，捕杀一切蝗虫，让蜜蜂漫天飞舞。但问题在于，灭掉了蝗虫也会使蜜蜂灭绝，这是大自然与人类社会最复杂的悖论。我们要讨论的是：在色彩杂陈的商业生态中，你是"蝗虫"还是"蜜蜂"？是价值掠夺者还是价值创造者？是商人（并非所有商人都是掠夺者，相反多数不是）还是企业家？**如果你是通过持续的创新活动而创造价值的企业家，那你就必须面对一个不容回避的两极张力：欲望的张扬与欲望的节制——最大限度的欲望张扬与清教徒式的欲望节制——尽其所能地赚取，尽其所能地节俭，尽其所能地奉献**[1]。

扩张性是企业家和企业的本质属性，唯有超越竞争对手一个节拍、半个节拍的激进和持续的扩张，企业家的欲望才能得到有效满足，企业的永续存在（百年老店）才有基础。然而，**扩张必须是有质量的扩张，干净的成长，有责任感的发展**。一位制造业企业家曾感慨道：质量、干净、责任，对企业家来说是底线要求，也是崇高要求，真正做到并不容易。这就是"尽其所能地赚取"的本义所在。

企业家以使命、愿景牵引追梦者一起激情澎湃地奋斗，同时必须记住，要以黄澄澄的金子去兑现结果。一支能征善战的队伍既需要理想主义，又绝不可缺乏"十块大洋+二两大烟土"。**当我们在组织中张扬企业家的宏大梦想时，是否理性化地、极其严肃地思考过：钱分好了吗？**在明亮的光线中很难看清楚物与人的本相，但正如任正非所言：钱分好了，管理的一大半问题就解决了。

这里的挑战是：你舍得把大把的银子和象征着威风八面的权杖下放给追随者吗？最明亮的那颗星

---

[1] 见《新教伦理与资本主义精神》（马克斯·韦伯著，康乐、简惠美译本）一书中关于卫斯理教派的论述。该教派创始人卫斯理认为，一个合格的清教徒商人的标准是：尽其所能地获取，尽其所能地节约，尽其所能地奉献。抛开宗教色彩，这种观点对我们今天的商人和企业家依然具有深刻的启示性，毫无疑义，这应该是东西方社会共同推崇的企业家精神的要义所在。

为什么总是环绕着层层叠叠的英雄星座？多元引力（财富分享引力、权力分享引力与成就共享引力）使然。这就是"尽其所能地奉献"的内涵之一。

"尽其所能地奉献"的内涵之二：创新成本。创新是企业家的核心特质，但无论是技术、产品、商业模式的创新还是组织创新，都是需要成本的，**当"大把的银子"源源流向那些看不见的、有可能打水漂的"智力冒险"（比如基础研究）活动时，事实上检验着企业家的使命追求、创业动机和一种发自内心的对财富的泛宗教的认知。**

我的书桌上有一架金黄色的地球仪，我会经常俯视它的经纬线上的角角落落，有时会突发奇想和感叹：巴菲特在那里，马斯克在那里，李嘉诚在那里……

对个人欲望极其强大的商人或企业家来说，当其因财富的多寡和身价的增减而焦虑，被财富的意义所困扰、折磨时，**不妨读一读《金刚经》和《心经》[1]，前者是生命哲学的皇冠，后者是皇冠上的明珠。这两部伟大的宗教经典，绝非讲的是"空"与"无"，而是一种彻底放下和积极进取、看开看淡看透与无畏创造之间的辩证法。**

岸在何处？放下即岸。彼岸何在？浪中飞舟即彼岸。

悖论四：使命感与现实主义

有追求的企业家都会为自身和企业设计使命，

---

[1] 有一种观点认为：基督教的时空观是一个线性过程，历史是朝着确定的目标在前进的。佛教的时空观是一种天道轮回的过程，这就使得个人的奋斗和人类的历史变得虚无。前者在组织与个人的管理上，其生存哲学是：受难是高尚的，未来是美好的；忍耐，再忍耐，盼望，永远盼望；向上向上向上，向前向前向前。后者则是：看穿看透看开，众生皆苦，万般皆空。我在48岁之前，大体也是这样的认知。从48岁本命年开始，我从生命哲学的视角习诵《心经》，并且几乎每日诵读至今。60岁又开始浅习《金刚经》。越学越久越觉着，佛家哲学博大精深，仅从"空"与"无"这些字面意义进行理解，显然难得其精髓。佛学那种"不可言，不可说"的极具辩证意蕴的时空观，至少于我来说，未使我陷入悲观消极的人生状态，相反少了一些烦恼与焦虑，多了一些泰然平和；少了一些急功近利，多了一些无所畏惧和积极进取。

制造信念。然而，**建立使命是需要勇气的。当企业家在组织中构建了某种使命，他自己首先必须拥有强烈的使徒气质：坚定地相信并全身心付出。**我为什么总是推崇马克斯·韦伯著作中所描述的那些清教徒企业家？就是因为这类被韦伯理想化了的白手起家、以工业家为主体的企业家，他们不仅是勤勉的自我奋斗者，是通过理性化精神进行社会化大生产的组织者，而且普遍克制自律，警醒自觉，乐于奉献。**对真正的企业家而言，构建使命就是在为自己和组织设定一种带有自虐性质的精神框架与行为戒律。**如果你骨子里崇尚"和尚打伞，无发无天"的"山大王"做派，你何必要搞那些"挂在嘴上，忘在心里"的假模假式的企业文化呢？东南亚那些食利型大亨、寻租型商贾们所创建的商业帝国就没有"使命、愿景、价值观"这些"虚的东西"①。

　　构建使命也需要企业家对商业本质的洞察力。每家企业都有自身独特的经营逻辑，但成功的企业在使命内涵上是一致的。福特公司的使命是：不断改进产品和服务，从而满足顾客的需求。沃尔玛公司的使命是：给普通百姓提供机会，使他们能与富人一样买到同样的东西。微软公司的使命是：使世界上的个人和企业实现其全部潜能。谷歌公司的使命是：整合全球信息，使人人皆可访问并从中受益。华为公司的使命是：为客户创造价值，实现客户梦想。无论它们在语言表述上有多大不同，但都指向一个中心——客户（顾客、消费者）。客户是企业唯一的使命承担。

　　有几次，我在给一些中小企业的创始人讲课后，与任正非在电话中交流，他总会说：小企业不需要复杂的管理，就是一条——以客户为中心。大企业管理比较复杂，但也要坚持以客户为中心。

　　这些年，我们经常听到一些成功企业家的创

---

① 此处可参读《亚洲教父》（乔·史塔威尔著）。

> 扩张性是企业家和企业的本质属性，唯有超越竞争对手一个节拍、半个节拍的激进和持续的扩张，企业家的欲望才能得到有效满足，企业的永续存在（百年老店）才有基础。

业神话：车库里的"人类使命感"、老旧居民楼里的"国家理想"，这大约也是真实的，但比此更真实的是：怎样才能活下来？企业家的使命追求是创新与创造的精神原力，但企业家亦不能走向使命过载，不能被过度膨胀的使命感压倒组织的力量支点。越是狂大的使命越意味着更大的不确定性，不确定性意味着巨大的脆弱性。使命是永远的牵引，活下来是永远的挑战。而与此相悖的残酷的案例在过去40年民营企业的发展史上屡见不鲜：使命无比狂大，动辄"上天入地""世界第一"，但缺乏坚实的资源策动力、人才组织力、产品创新力和市场扩张力，导致使命感与组织效率的严重不匹配，从而走向失败。

任正非无疑是一位狂热的使命主义者，但他也是一位冷峻的现实主义者。在华为历史上的多个生死关头，任正非每次都会以激昂的语气在公司内部喊出类似的口号：宁可打出最后一颗子弹，也要实现我们的使命，赢得最后的胜利。然而，几十年来，华为从未打出过"最后的子弹"。为什么？它在与危机赛跑、激进冲锋的同时，也在加紧储备"更多的子弹"。

2015年7月某一天，任正非出访阿根廷，我是陪同者之一。在法国戴高乐机场转机时，他专门安排一天时间驱车3个多小时，带我们参访诺曼底（他以前去过不下5次）。中午，我们在第二次世界大战时期盟军正面登陆的海边的一家咖啡馆喝咖啡时，任正非突然冒出一句："280万人，光手纸都不知要准备多少，打仗打的是粮草！"

悖论五：乐观主义与忧患意识

我曾询问华为轮值董事长徐直军："外面有人说任总是个悲观主义者，华为是悲观主义的胜利，你怎么看？"徐直军答："瞎说呢，老板绝不是悲观主义者,他从来都是乐观主义者。华为历史上经历了许多事情,老板都自己扛了,我们这些人什么都不知道,就知道安安心心工作。过了多少年,他才会给我们讲一点点……"

"恒星的主要任务是制造各种元素",在组织中"制造"理想主义和乐观主义元素是企业家的基本使命,不然组织的扩张性将无从谈起。我们在前面讲过,企业家是风险职业,不仅有市场风险、技术风险、产品风险,还包括一系列的法律风险和社会风险等。不确定性是最大的、长期的、永远的风险。因此,企业每朝前走一步,就离深渊近了一步,也朝希望近了一步。关键在于:你怎么认知深渊或希望?领导力研究大师詹姆斯·马奇非常推崇堂吉诃德精神,在堂吉诃德眼里,从没有什么深渊和不可跨越,只有光明和希望。在华为创立的第十几个年头,正是华为最艰困的时期,任正非也在内外重压下患了抑郁症,但他在公司内部反复讲"我们只有胜利一条路可走",一直讲了几十年。

组织的调性是由领导者决定的。我们有一些企业家,情绪色谱中灰暗的调性远大于亮色调,有些人虽然创业10年、20年、30年,却总是一路抱怨,抱怨营商环境、投资人、管理者、员工,每有小圈子聚会就大倒苦水。有些人虽然生意做得很大,但仍觉得事事不快乐。问题的严重性在于,他们也常常把负面情绪带到企业中,特别是在重大危机出现时,他们甚至会放大阴影和恐惧。

卓越的企业家不仅是乐观主义者,也是坚强的孤独者。能扛事,能忍事,能藏事,能处事。华为市场部门一位前高管,见证了华为前20年的许多大风浪,他告诉我:"困难时,任老板也会在极少数高管面前流露出软弱和无助,他都想过跳楼呢,但他调整得很快,上午还绝望呢,下午又变得斗志昂扬。还有,他从不在员工和大多数管理层中表露软

你舍得把大把的银子和象征着威风八面的权杖下放给追随者吗?

弱，总能让员工有一种心里踏实的感觉……"

优良组织是一个生机勃勃的能量场的集合。固然，创始领袖的乐观主义基因无比重要，但这种基因扩散的土壤同样重要。**好的基因、合适的基因和稳定的基因是组织通过文化适配长期选择的结果，但从华为的实践看，员工的年轻化是不可忽视的先天"土壤"之一。什么人最容易被理想主义和乐观主义感染？青年人。**一般而言，青春是乐观的同义词。任正非既是"乐观派"，也是"青春派"，他可以以75岁、77岁的年龄两次赴西藏旅游，登顶海拔4700多米的色季拉山口，在海拔4400多米且大雪弥漫的雅拉山口留影，也会时常带领一群员工振臂高呼"潇洒走一回，我拿青春赌明天"……然而，在华为创立初始，当任正非每一次向团队展望未来时，那些与任正非年龄差不多的40岁左右的"同龄人"，有人会表现出不屑："又吹牛了，打肿脸充胖子"……

的确，**堂吉诃德式的乐观主义是企业家精神的前提，但卓越的企业家还必须是冷峻的忧患派**，必须清醒地认识自身和组织所处的外部环境，也必须充分认知自我和组织的局限性。任正非的领导力特质具有近乎极端的两面性，在公司高歌猛进时期，他会一遍遍地警示：冬天来了！狼来了！在危机压顶时，他又会激情高昂：没有什么力量能够阻挡我们前进的步伐，华为必胜！[1]

还有一个值得研究的现象是，**华为的高层领导群体中，有人更偏于乐观主义，有人则更偏于**

---

[1] 按照年代顺序阅读任正非在1997年至2021年有代表性的103篇内部讲话稿，你会发现两个规律：第一，大致以2年为期，任正非讲话的主基调是饱和进攻与激进扩张，到第3年年初，又突然变调，大讲优化产品质量、优化合同、优化现金流。我曾听一位地区部总裁抱怨：老板太善变了！这两年都是讲进攻，猛然间又急刹车，这可是十几万人的大部队啊！搞不好会翻车！但半年之后，这位地区部总裁对我感叹：也就是华为能做到，我们不但没翻车，而且整个公司很平静，关键是公司发展更健康了。第二，在全球信息技术行业高歌猛进，华为也高速发展的时期，任正非会在"烈火烹油"之时，发表文章或讲话：华为的冬天到来了！要准备过冬棉袄。而在类似2008年金融危机这样的经济衰退期，他又在公司内部"唱反调"：危机对华为是机遇，我们要抓住机会，逆势扩张，提速前进……

现实主义，但他们具有共同的忧患意识。任何组织都需要眼光远大的"鹰"，需要策划与发动进攻的狮子，需要狼与狈的合作，也需要不断发出刺耳"噪音"的"猫头鹰"，但"猫头鹰"绝非悲观派，组织必须拒绝悲观主义。

悖论六：
自由与秩序，无解的组织管理谜题

一切组织管理的学说与实践，无不是关于自由与秩序的悖论探索。人类是从丛林中走出来的，自由是人的原初基因。为了对抗丛林法则，人类在长期的演化中形成了"在群体中分散赌注"的本能：社会化合作。合作本能的前提是自由本能与秩序本能的平衡。个体渴望和拥抱秩序，是因为秩序是关于自由的方向与框架、边界与尺度，而不是对自由的掠食与侵犯。

企业家是从事创造的人，是天生的意志论者。但优秀的企业家绝对不能全然用自己的意志塑造秩序，而是必须遵循人性逻辑和组织规律。什么是人性逻辑？己所欲，人之所欲。当企业家过度放大自我的权力自由和成就欲望时，"一亩三分地"上的大多数劳作者的自由空间就变窄了。关于人性的想象力与同理心，是我们许多企业家、商人所欠缺的一种精神元素。

企业有两种秩序：一种是基于契约之上的"自发秩序"，另一种是基于制度和流程之上的"外在秩序"。前者的本质是自愿性与双向性，既是关于个人自由与组织意志的楚河汉界，也是你情我愿基础上的双边认同。这是任何商业组织的元秩序，**人性遵从是契约秩序的根基。**后者是组织意志的表达，体现的是组织规律，其本质属性是强制性和单边性。企业是以数据衡量成败生死的组织，尤

> **客户是企业唯一的使命承担。**

其是制造类企业,它必须建立一套简明有力的制度与流程体系,并以此约束全体员工的职业行为。

秩序并非恒定。初创期,弱秩序、高自由是企业原始积累阶段的基础特征,在守法前提下,处于这一时期的企业如果被人为创建的"小而全"的"外在秩序"所束缚,企业是很难继续发展的。但从创立之初就确立以契约为底座的管理和经营行为的"自发秩序",却是绝对必要的。许多人知道,任正非创办华为是因为在担任国有企业部门负责人时的被骗而被"逼上梁山"的,却很少有人知晓,在他主动停薪留职去追款的日子和创办华为的初期,他自学并去深圳大学夜校学习过很长时间的法律课程。这应该是华为一路走来的一个极为重要的隐线:**企业家的契约精神。**

随着企业的快速成长和规模的不断扩大,企业需要告别活力与混乱并存的"狼烟期",加大力度构建"外在秩序"——**将组织建立在制度与流程的框架上,从而摆脱对个人英雄、对能人文化包括对企业家自身的依赖。**诺基亚中国区一位前负责人曾对我说:20多年前,诺基亚曾经困惑,华为为什么对标学习IBM这样条条框框太多、管理偏于僵化的企业呢?后来的结果证明,任正非的选择是正确的。在无数个"自由基"的无规则、持续性的运动中,华为也许会成为中国的优秀企业,却难以走向世界。

任正非说,我们的组织要从"布朗运动"走向科学管理,就要"穿上一双IBM鞋","谁反对变革,就砍掉谁的脚",华为的管理要"先僵化,后优化"。在选择思科还是IBM为华为的变革顾问时,任正非说:思科的管理太激进,我们中国人又太灵活……言下之意是:**要用更高规范的秩序与规则约束和对冲华为早期的过度无序。**

华为在长达15年左右的时间里,以数亿美元的

几十年来,华为从未打出过"最后的子弹"。为什么?它在与危机赛跑、激进冲锋的同时,也在加紧储备"更多的子弹"。

代价向西方多家咨询公司"买思想""买制度""买流程",换来了今天华为的全球化与全球领先地位,但随着时间的演递,一种宿命的组织逻辑开始呈现:制度与流程走向异化,僵化秩序抑制个体能动性与创造精神,成为组织效率与创新的障碍。有华为高管说:**华为为什么总是阶段性折腾?是因为每个时期不折腾、不变革,公司要么会被无序带向崩溃,要么会静悄悄地衰亡。**从2010年至今,华为进入了一个"否定之否定"的变革期:简化管理,简化流程,向大企业病宣战。这也许是华为未来变革的永续指向。

我们必须格外清醒,**秩序的第一属性是解放、激励人,给人自由;第二属性才是约束、管控人,使人不舒服。组织管理的终极表达应该是在洞察人的本性的前提下保护和激发人的自由,防止秩序异化对自由的侵蚀。**看一家企业的制度与流程是否健康,评价标准只能是:是否有利于人才的思想自由(学术思想)和学术自由,有利于解放生产力,有利于"多打粮食",有利于企业的创新活动与价值创造。

自我批判与自我纠偏:
像空气和水一样须臾不可缺失

我们在前面讨论了企业家精神的六大悖论,其实还可以列出若干悖论,比如威权与民主、扩张与收敛等。这些关于悖论与企业家精神的粗疏认知主要是基于对美国、日本、欧洲(以美国为主)历史上一些伟大企业家的研究之后得出的。当然,**华为创始人任正非是我20多年密切互动、观察和重点研究的对象,我曾与他交流过我对他的管理思想、领导力风格的认知:两极对冲的悖论。**他基本认同。

六种悖论是一种理想状态的企业家精神,并非

> **企业每朝前走一步,就离深渊近了一步,也朝希望近了一步。关键在于:你怎么认知深渊或希望?**

每一位杰出的企业家都全部具备，或者说，没有一位企业家同时具有六种悖论精神，某些人可能在一方面强一些，某些人可能在另一方面更突出些。

企业家类同于浪中撑舟的船夫和舵手，锚定目标后，必须提速前进，但又必须随时把握平衡；也类同于驾驶员，一会儿踩油门，一会儿踩刹车，一会儿朝左、一会儿朝右打方向盘，达成目标是唯一诉求。**优秀企业家也许有一种天赋潜质：多巴胺能量强大，理性机制同样发达。他们的右脑与左脑总是处于相互对抗状态、警惕状态、批判状态。**

企业家是企业的灵魂人物，但任何追求卓越的企业都不可将命运寄望于一个人身上，寄望于个人的极端性总是能够被悖论理性所战胜。没有神话式的企业家，也绝不可神话企业家。**企业家的完美人格恰恰是能够认识自己的不完美。**即使是最杰出的企业家，也不是企业史上一个个事件发展的唯一因素，甚至决定性因素，恰恰企业某些时候的成功，是因对企业家判断的否定、颠覆而达成的。我访谈过的一些华为高管在评价任正非时，既讲到他的无私与远见、战略定力等，也都会讲到"老板的缺点"和"走麦城"："我们每个高管都写过很多次检讨，老板也写过多次检讨。"而社会上有人给任正非扣上"伟大"的高帽时，任正非幽默道："我是尾大，尾巴大一点。"

在我们推崇企业家的冒险精神、创新精神、使命精神和奉献精神时，还应该加上一条：自我批判精神。自我批判意味着企业家和企业的局限性，也意味着企业家和企业的成长性。**华为成功的两大根本：一是核心价值观，二是它的非左非右、忽左忽右、亦左亦右、激进与保守的悖论哲学，即自我批判与自我纠偏。华为只有一样东西是永恒的：核心价值观。**

对一个组织来说，最大的危险是陷入自我封闭

个体渴望和拥抱秩序，是因为秩序是关于自由的方向与框架、边界与尺度，而不是对自由的掠食与侵犯。

的循环。自我批判既是企业家自身的自我审视与自我修正，更重要的是整个组织的自我批判与自我纠偏。华为的经验是：自我批判不仅是一种文化，也是一种开放机制。从上到下的民主生活会、蓝军组织是华为重要的批判机制，而它的内部网站心声社区则是一种全体员工参与的批判机制和开放有序的民主监督机制。

马克思说，"辩证法不崇拜任何东西"，它只承认变化的力量和批判的力量。多年来，任正非一直倡导华为的高中级干部**"要学点哲学，哲学是人生的罗盘，要懂点辩证法，也要懂形而上学"**。如此，悖论领导力不仅是企业家自身的必需素质，而且是企业决策群体和管理层群体的一种悖论文化、悖论素养、悖论领导力。这样就既能够避免企业走向一路狂热，又能够矫正企业步入沉闷与死寂。"死气沉沉"与"热气腾腾"，我们当然期冀的是后者。华为创立30余年能够始终保持"热气腾腾"，且在潮流涌动或重大关头拥有理性精神，比如拒绝多元化与盲目扩张等，与它长期不懈的自我批判、自我纠偏的文化与机制有绝大关系。

自我批判与自我纠偏对任何谋求健康发展的组织来说，如同空气与水一样须臾不可缺失，也是一切优秀企业基业长青的重要法宝。☯

自我批判不仅是一种文化，也是一种开放机制。

此文根据正和岛访谈整理稿修改而成
2021年12月3日初稿，2022年3月26日第27次修改定稿
编辑：曹雨欣

企业家真正的幸福从何而来?

何日生 内部讲话

哈佛大学文理学院特聘学者
慈济慈善事业基金会副执行长

对每一个终日忙碌奔波的人、每一个肩负责任的人来说,人生中都是一个挑战连着一个挑战、一层压力叠着一层压力,对企业家来说尤其如此,因为企业家不仅肩负着自我和家庭的重担,还肩负着员工、企业、行业、社会乃至人类的未来。

付出这么多努力,承受这么大压力是为了什么? 人心的幸福源泉是什么? 生命的出路究竟在哪里? 很多人都渴求这些问题的答案。我想先分享几个故事,进而探讨一下,什么是我们生命的出路和幸福。

征服和成就里有幸福吗?

第一个故事与著名的文学家海明威有关。很多人都知道,海明威喜欢冒险,参加过西班牙内战,写过《战地春梦》,也受过伤,年轻时英姿焕发、帅气爆表,享有盛名,他最有名的一本书是《老人与海》,描写一位老人驾着一只小船跟大鱼搏斗。

书中这位名叫圣地亚哥的古巴老渔夫连续出海84天都没有捕到鱼,别的幸运的船每天满载而归,但他永不放弃,要用自身的力量,划着小小的船去捕大鱼。这象征着人要用自己的心、靠着自己的力量,去面对外界巨大的挑战,缔造更大的事业。海明威以此来展示人的心灵有多强大,但这种心灵的强大并不是要征服自己,而是要征服外界,缔造巨大的成就。

最后,老人在大风大浪里捕到了一条大马林鱼,花了好几天跟它搏斗,制伏了它,结果一群鲨鱼闻到血腥味,过来把这条鱼吃得一丁点都不剩，所以老人只带回去了一副鱼骨头。这个故事看起来有点虚无，不管再怎么奋斗、再怎么征服外界，最后还是一场空。

《老人与海》里老人顽强的挑战、征服精神当然是值得歌颂、值得佩服的，然而这种精神是要征服外界，不是向内心的对治，这也隐喻了海明威生命的终点。晚年的海明威疾病缠身，最后在62岁时举枪自杀。

为什么一位在作品里颂扬勇敢、拼搏、挑战、征服精神，在生命中也不惧挑战、直面挑战的文学大师，人生的终点却是举枪自杀呢？我认为这说明两点。第一，创作不是人生。会写、会说并不等于做得到。第二，想要征服外界挑战的人，往往无法征服自己的内心。一位生命的勇者，亲临战场的战士，到过非洲打猎、想要征服外界一切难关的大师，最后的难关却不在外界，而是在自己的心里。

所以，各位企业家碰到企业的困难、各种事业的困难时，想一想啊，真正的困难到底是在外边，还是在内心。外在的世界千差万别，每个人看法都不同，捕到一条鱼到底是不是成就，只有自己能够定义；同样，一切功名成就可以是没有意义的，关键在于你是否从内心赋予它意义。如果一个人的创作、挑战、征服，不是建立在足够的内心勇气、心灵理解上，甚至还要超越自己内心的疆界，那可能是基础不牢、能量不足的。真正的勇者不只是追求外界的成就，也一定会完成内心的沉淀。

声誉和富贵里有幸福吗？

征服和成就给不了我们出路，那么富贵就可以吗？另一个大文学家，俄国的托尔斯泰，他的《战争与和平》《复活》《安娜·卡列尼娜》都是旷世杰作。可能有人不知道，他也是一个贵族，非常富有，

企业家不仅肩负着自我和家庭的重担，还肩负着员工、企业、行业、社会乃至人类的未来。

有无数的农奴与土地。无论是文学上的声誉，还是物质上的富贵，他都享用不尽。

可是托尔斯泰晚年把声誉和富贵都抛弃了，他认为文学的创作不能满足他，荣华富贵也无法满足他。他做了什么？他回到农庄里，跟农奴在一起，拥抱农奴，抛弃了豪华的庄园，抛弃了文学上的成就，把稿费捐给慈善机构。他的夫人非常生气，气到甚至要拿枪来杀他。

托尔斯泰完全变了一个人，可是他甘之如饴，他在对农奴的爱中得到了救赎。创作里没有真正的救赎，外在的成就、对外在世界的征服不是救赎，富贵也不是救赎，对托尔斯泰来说，真正的救赎是回到农庄里，跟农奴在一起，在农庄简朴的生活里得到生命最终的安息和依靠。

这样来看，托尔斯泰不只是一个文学家，也是一个人道主义者，他是在俄国大革命之前的一段时间里（也正是社会不平等带来的恶果引发了后来的俄国大革命）成了社会的先驱，看到了平等的可贵，看到了每一个生命都值得尊重，要去爱他们，拥抱他们。

所以，托尔斯泰是在拥抱农奴中，是在爱的行动中，找到了内心真正的归宿。我们往往会苦苦寻找生命的出路，但外界的征服、成就、声誉、富贵等，都无法让人真正达到超脱的境界，甚至常常使人觉得空虚，因为生命的出路原本不在外边，而是在心里边。

知识里有幸福吗？

征服、成就、声誉、富贵，都未必能带来真正的幸福与生命的出路，那么知识呢？很多企业家"学而优则商，商而优则学"，我成功了，我还爱学习。可是，知识就一定能带来终极的快乐、内心的安定和

真正的勇者不只是追求外界的成就，也一定会完成内心的沉淀。

幸福吗?

19世纪伟大的文学家歌德,当过魏玛公国的官员,才华与能力都非常出众,写下的《浮士德》是西方文学界重要的作品之一。在歌德笔下,浮士德是全世界最有智慧、知识最丰富、思想最丰沛的一个学者,可是他心里也不快乐,也想寻求真正的幸福,想要寻找解脱。

浮士德怎样寻找解脱?他去寻找情感、欲望,沉浸在情感、欲望的快乐享受当中,他想要从中得到解脱和救赎。人类生来就是带有情感的动物,所以浮士德在知识和学问当中找不到出路,知识和学问无法带给他终极的快乐,他就转身去追求情感的满足。可是结果呢?浮士德仍然迷茫。

最后,浮士德在哪里找到了生命的出路,得到了救赎?歌德让浮士德在一处海边的人类理想生活的园区中,找到了终极的快乐。这里面同样有情,但不是情欲,而是觉有情,是觉悟以后的情,是真正的大爱,而不是小爱。浮士德已经知道知识、学问无法满足他的心灵渴求,也知道情感和欲望是会枯竭的,所以他转念去追求大爱。在找到觉悟的情之后,他就从中得到了救赎。这正是浮士德最后看到的生命之光,是从大爱中找到内心终极的快乐、安定和幸福。

东方的智者也有类似的表达。为什么禅宗的惠能大师不立文字?因为他的觉悟跟文字、学问、义理原本无关。禅宗讲的是什么?教外别传,不立文字,直指人心,见性成佛。惠能大师一字不识,却是觉者。为什么?觉悟、喜悦,其实都不是知识和学问能够带来的。

浮士德的故事也给了我自己一个启示。追寻知识不是不重要,它很重要,但爱的行动更重要,心中有了爱,追寻知识才有方向。知识是地图,但只有地图没有用,从来不走山路,根本就不会知道山路是

生命的出路原本不在外边,而是在心里边。

什么样，只有靠爱的行动，才真正能够到达生命的远方。

善行与幸福的体验

多年以前，我在中国台湾地区做过新闻主播，后来转型，加入慈济慈善事业基金会，从事公益事业，又在北京大学读了哲学博士，在哈佛大学肯尼迪学院、剑桥大学、牛津大学等做过访问学者。我没有真正像企业家一样做过实业，也不是歌德笔下浮士德那样智慧极高的学者，但我所感受到的是，在为生命带来真正的安定和喜悦的层次上，丰富的知识和思想不如爱的行动。和一般学者不同，这是我从慈善公益事业中、从人生的善行中得出的体会。

慈济慈善事业基金会的一项公益事业是建设了骨髓库。截至2022年3月，慈济骨髓库共捐出6152例骨髓，覆盖全球超过31个国家和地区，其中中国台湾地区的受髓者为2741例，中国大陆的受髓者为2426例。骨髓移植成败的关键之一是人类白细胞抗原配型成功，血缘基因相近才有配型成功的机会。海峡两岸，同源同种，血缘同属中国，许多大陆的病患在慈济骨髓库找到了匹配的骨髓，因而获得康复。我为了采访、报道骨髓库的事迹，曾从台湾走到苏州、杭州等地，又走到日本、美国、德国等国，接连半年都在奔波，经常早上4点起床，拍摄象征生命的日出，也会拍摄日落，感受生命的消逝。从前我喜欢静心读书，那半年中奔波忙碌，无从安定，却看到了人间满满的爱。

比如，病人生病了，家人、朋友一起集资帮助他；"骨髓移植之父"、诺贝尔奖得主唐纳尔·托马斯教授，一辈子研究骨髓移植，为病人服务；志愿者为了骨髓配对四处奔波，劝说骨髓配对成功者给病人捐赠骨髓，因为还是有很多人担心捐骨髓会

从来不走山路，根本就不会知道山路是什么样，只有靠爱的行动，才真正能够到达生命的远方。

影响身体健康甚至有生命危险，或者认为"身体发肤，受之父母，不敢毁伤"。从台湾到大陆，再到全世界，人间处处可见对病患的真切关爱。

记得最后一站是在德国。一个深夜，我结束了一天的忙碌，拿出笔记本来写字。突然间，我清晰地感受到，一股很深的宁静从心底升起，我身处一种喜悦的氛围中，世界的边缘仿佛不见了。我无法用言语形容那种境界，那不是一般的快乐，是世界的距离和藩篱被完全打破，任何隔阂都消失了，只有祥和、欢喜、平静、宽广、无穷无尽、"法喜充满"。这种境界将我久久包围，直到我一晃神，才回到现实中。现在回想起来，我仍感觉讶异，怎么会有这样的境界呢？这好像不是生活中能感受到的。

从这段经历中，我想到《六祖坛经》里讲的"动与静对"，在动中可以求静，换句话说，在爱的行动中，我们的内心会得到喜悦、幸福，不断付出爱的行动，就时刻都活在幸福当中。所以，我的体会是，慈悲利他，以爱行善，生命就能开启真正的觉醒，找到真正的出路，得到真正的幸福。

让企业成为善与爱的场域

美国有一位专门研究人类意识能量的科学家大卫·霍金斯博士，写有一本书《意念力：激发你的潜在力量》，沃尔玛创始人山姆·沃尔顿、诺贝尔和平奖得主特蕾莎修女等人都推荐过此书。他在书中表示，人有心理能量，且分为不同等级。特蕾莎修女、甘地等人，能量会在500分以上；心态正向、主动的常人，比如很多优秀的企业家，能量也有两三百分。

大卫·霍金斯从小就经历过我在德国所经历的生命幸福"高峰体验"，他还提出一套理论：善良和爱的愿力会让低的能量变成高的能量；越善良，愿力越大，信念越强，能量越强，能量场越大，就越

> **慈悲利他，以爱行善，生命就能开启真正的觉醒，找到真正的出路，得到真正的幸福。**

是能够影响他人；越负面，越悲观，越有欲望，越自私、愤怒、恐惧、沮丧、自卑，能量就越低，越不被他人喜欢。所以要提升自己的能量，就从善良与爱做起，提升愿力。每一个人都可以从低能量转向高能量，关键就在于有没有善良和爱的愿力。

其实，远在2000多年之前，我们的先哲孟子就用最简明的语言道破了大卫·霍金斯提出的这个理论，《孟子·公孙丑上》里说"夫志，气之帅也"，中国人一向认为，人是有气场的，气是看不到的，气在内，也在外，既不在内，也不在外，内在的气跟外在的气是相通相连的。气场由什么决定？志，一个人的志向决定气场。志就是愿力，是正向的愿力，是慈悲的愿力，是善的愿力，是为众生谋幸福的大爱的愿力。"夫志，气之帅也"，所以，何为气？孟子说，"我善养吾浩然之气"，气是浩然之气，就是正气。文天祥也在《正气歌》里赞颂正气："天地有正气，杂然赋流形。下则为河岳，上则为日星。"人人都能由善由爱激发浩然正气，自己的正气跟天地正气相通相连，就是中国人所推崇的"天人合一"，这种境界下，你的善良、大爱、慈悲、愿力必然激活你的能量场，并影响、改变、催化更多的人。

所以，善良和大爱会激发我们本自具足的能量，同时会为现实世界带来巨大的改变。所以，一定不要小看善良和大爱的信念，它是一颗璀璨的明星，足够照亮你生命的前路，为你的内心带来无比的平和、喜悦、幸福，并激发你的能量、气场，陪伴你、激励你、赋能你，和你一起去改变这个世界。

古波斯著名诗人、苏菲神秘主义大师莫拉维·贾拉鲁丁·鲁米说，"你正在寻找的东西也在寻找你"，无论你是什么样的人，都会物以类聚，有什么样的人和你相遇。你发善念，世界的善就会回应你；你发慈悲心，慈悲就环绕着你；你发恶念，恶也会找上你；你自私，也会有自私的人和你纠缠不清。同样，法国

"夫志，气之帅也。"

著名社会学家皮埃尔·布尔迪厄也认为，场域影响人的行为跟习惯。一个场域，无论是由人组成，还是由物质构成，只要你身处其中，就会相应改变行为。这样看来，如果你在欲望横流的场域里，一定会被感染，内心是很难保持善良和大爱的；如果你身处清净、善意的环境中，心灵也会慢慢被淘洗，就像回归到大海中，一身尘埃被洗得干干净净。

所以，我们能够看到，一些企业家被生意、事业所牵绊，在追名逐利的场合、声色犬马的环境中待久了，不免被场域影响，不能够再常常拥有大爱和善良带来的内心的幸福。所以，一定要找对场域。最好的场域是什么？在我看来，企业家可以把工作的场合变成爱和善的场域，将企业做成一个充满爱和善的企业，让每一个员工都一起来向爱向善，互相鼓励，一起寻求人生真正的终极幸福，这一点很重要。

"你正在寻找的东西也在寻找你。"

摘录自2022年3月13日
"善经济系列公益沙龙"何日生教授主题分享
《照见生命本质的力量——企业领导的心灵构建》
编辑: 王夏苇

本是梦中人，常作花下客。心中自往来，知我有几个。

插画摘自 @ 老树画画

有料

EXPLORATION

服务机器人
正处在爆发前夜

随着我国人口老龄化加剧和出生率的持续走低，进入生产体系的劳动力越来越少，劳动力缺口加大，持续走高的劳动成本成为不可忽视的社会现实。在这一背景下，人口老龄化和低生育率给机器人产业带来了补充劳动力和满足儿童、老年人生活服务两大强劲需求。此外，人工智能、物联网、大数据、云计算等技术的发展，图像识别、语音识别、自然语言处理等智能技术的不断成熟，为智能机器人演进提供了坚实的发展基础。

同时，我国注重提升机器人产业的整体发展水平，先后出台了一系列利好机器人产业发展的政策。国家不仅从宏观、战略角度构建机器人产业顶层设计，还从技术研发和落地应用角度给予方向引导，为机器人产业发展提供了必要支撑。2022年全国两会期间，"机器人"成为提案的高频词之一，因为我国已经成为全球最大的机器人市场，我国的机器人产业正迎来发展新机遇期。

一、我国机器人行业现状

1.市场规模不断扩大

在市场需求牵引、技术突破带动和国家政策支持下，我国机器人行业稳步发展，市场规模日益扩大。根据IFR（国际机器人联合会）数据，2021年我国机器人市场规模预计达到839亿元，比2017年增长一倍以上，年均复合增长率20.2%。从市场结构来看，工业机器人占比53%，服务机器人占比47%。

2.已在多领域落地应用

后疫情时代，受益于下游制造业快速复苏以及各生产企业的自动化升级需求，工业机器人的出货量强劲增长。当前，工业机器人已在装配、搬运、码垛、焊接、点焊、涂胶、喷涂等领域广泛应用。其中，汽车和电子是市场份额最大的两大应用行业。

我国的服务机器人虽然起步较晚，但在技术和产业化水平方面与国外差距较小，部分产品市场化应用已经领先于全球，具备先发优势。扫地机器人、陪伴机器人、清洁机器人、仓储物流机器人、导览机器人、送餐机器人、酒店机器人、医疗机器人等已在多领域落地应用。

IFR最新数据显示，医疗机器人的销售额占2020年服务机器人总营业额的55%。这主要是由机器人手术设备驱动的，机器人手术设备是该领域最昂贵的，其营业额增长了11%，达到36亿美元。

二、我国服务机器人产业未来发展前景

1.认知智能水平将进一步提升

随着深度学习、抗干扰感知识别、自然语言理解等人工智能关键技术取得突破性进步，服务机器人的认知智能水平将大幅提升，服务领域和服务对象将进一步拓展。

2.一站式服务与定制化运营将成为发展趋势

与工业机器人不同，服务机器人拥有更强的消费属性，产业发展逻辑是需求驱动，以用户价值为主导。在落地场景打磨中，能够解决行业痛点、发挥服务机器人降本增效价值并规模化落地应用的企业将更具竞争力。特别是在需求明确的2B市场（企业级市场），各场景的需求存在差异，服务机器人的应用跨度加大，客户的定制化需求增加。未来，提供机器人产品及解决方案，配套一站式服务与定

> "与工业机器人不同，服务机器人拥有更强的消费属性，产业发展逻辑是需求驱动，以用户价值为主导。"

制化运营将成为行业主流趋势。

3.向各应用领域加速渗透

服务机器人以满足行业及消费者需求为根本发展动力，餐饮、配送、清洁、巡检、消毒、环卫、安防、医疗、教育、军事、航天、海洋等应用场景百花齐放，未来其将以满足"需求升级、需求替代、需求探索"为目标，展开阶梯式发展。正如优必选科技创始人周剑所说："过去十年是服务机器人的储备期，未来十年则是黄金发展期，越来越多的服务机器人解决方案将在垂直领域落地应用。"

4.将会有更广阔的发展空间

在服务机器人相关企业地域分布中，广东、江苏、山东三省企业数量排名前三，其中广东省企业数量超6万家，位列第一。自有融资记录以来，融资事件合计发生815起，融资金额近960亿元。在2021年，服务机器人相关融资事件发生113起，融资金额超440亿元，已远超往年的融资金额。

从行业分布来看，机器人直接相关的行业融资事件数量最多，约为690起；此外，在自动驾驶、医疗硬件以及无人机领域也有涉及，融资事件数均超10起。从轮次分布来看，服务机器人融资项目仍以早期项目为主，种子轮、天使轮以及A轮三个轮次的合计占比已超5成。从地域分布来看，北京市海淀区、上海市浦东新区位居融资事件区级分布的前两位。从投资机构布局来看，红杉资本中国基金出手28次，是最爱投资服务机器人的机构；真格基金以及源码资本分别位居第二、三位。 ✎

编辑: 刘靖阳

注: 本文第二部分第四小节"将会有更广阔的发展空间"，引自天眼查数据研究院《前沿观察: 科技赋能美好生活, 服务机器人开启生活新图景》，其余内容均引自36氪研究院《2021年中国机器人行业研究报告》。

有书
BOOK

宫玉振 书单

北京大学国家发展研究院BiMBA商学院副院长兼EMBA学术主任

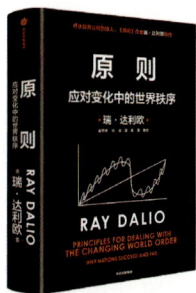

《原则》

【美】瑞·达利欧（Ray Dalio）著

不确定性已经是今天这个时代的基本特征，越是不确定的时代，管理者越需要穿越周期与迷雾的眼光，从而在大的趋势与周期之中超越眼前的扰动与动荡，为自己与组织找到相对确定的战略性方向，这就需要历史研究。读史的意义，就在于帮助我们超出个体经验的局限，从几代人乃至更长的时段，去关注那些反复发生的历史事件，把握兴衰治乱的大周期，以及思考背后的深层逻辑和驱动机制，从而帮助拓宽我们的视野，提升我们的认知。

这是瑞·达利欧基于历史研究写成的一部新著，他以1500年以来的世界主要国家的历史为样本，研究帝国兴衰过程中反复出现的典型模式和其背后的因果关系，并以此为基础推断未来。本书最主要的成果，就是达利欧的"大周期"理论。这一理论框架可以从宏观的角度，帮助管理者基于长周期，在不确定的环境中超越一时一地的局限，从而更好地理解当下，更好地应对未来。

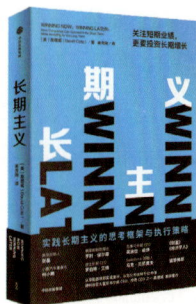

《长期主义》

【美】高德威（David Cote）著

长期主义是这样一个词：几乎所有的人都在说，但是极少有人能够真正坚持做。在很多人看来，要想实现长期增长，就不得不牺牲短期的业绩；而管理者天天背负着短期业绩的压力，不能实现短期业绩，哪有资格奢谈未来？长期与短期的这种看起来的两难，是很多人为什么明明知道需要长期主义，但最终还是选择了短期行为的重要原因。

这本书基于霍尼韦尔前董事长、CEO高德威的管理实践，证明了一个道理：长期增长和短期目标之间完全是可以平衡的，同时完成两件看似互相矛盾的事情完全是可能的。真正的长期主义者会运用崭新的平衡、纪律、严谨与活力管理组织，在取得良好短期业绩的同时，投资于长期增长，既赢得现在，又赢得未来，从而实现个人和公司的可持续发展。

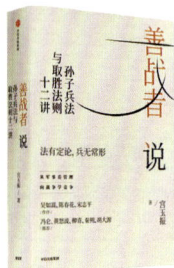

《善战者说》
宫玉振 著

组织最大的迷失是战略的迷失，缺乏战略思考的能力是很多企业高管的致命不足，而没有战略思考能力的企业是走不长远的。企业家和管理者必须学会战略性的思考，要有前瞻性的眼光，要学会从眼前事务性的工作中抽身，要摆脱日常竞争中束缚自己的反应性思维模式，要有一种取势和提前布局的意识和能力。

《孙子兵法》是一部公认的战略经典著作，很少有人对战略的思考能像孙子这样透彻和深刻。借助《孙子兵法》的战略理念，可以帮助企业管理者更好地理解什么是战略性的思考，战略性的思考应该把握哪些基本的要素。

本书从"学会战略性思考"这一主题入手，结合大量鲜活的战争与商业案例，打破《孙子兵法》的篇章结构，从中提炼出孙子最核心的12个理念，包括五事、七计、全胜、先胜、任势、击虚、诡道、并力、主动、机变、先知等，阐述了商业世界战略性思考应该把握的基本原则，从而帮助管理者从战略的高度重新梳理商业中的取胜之道。

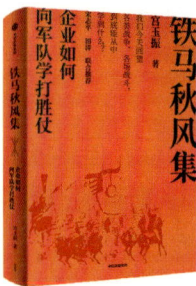

《铁马秋风集》
宫玉振 著

拿破仑在圣赫勒岛时，蒙索朗夫人曾经问他，哪一种部队是最好的部队？拿破仑回答说："夫人，能打胜仗的部队。"

没有企业不想赢，不想打胜仗，而军队的目的就是要打胜仗。战场和商场有很多共同的地方：这两个领域都充满了对抗、不确定性，都需要对胜利有强烈的信念和意志，因而两个领域都需要清晰的战略、强大的组织、卓越的领导力以及团队的执行力。战争和军事因此就可以为商业世界的管理者提供一个独特的视角，从战争看竞争，从军事看管理，从而更好地理解决定竞争胜负的那些本质的要素。

本书是《善战者说》的姊妹篇。全书以"企业如何向军队学打胜仗"为主线，结合历史上著名的军队和经典的战例，以及商业世界企业管理者的痛点，围绕战略、组织、领导力和执行等打胜仗的要素，对企业管理者如何从战争和军队中领悟与借鉴打胜仗之道进行了探讨，以期对企业管理者提升自身与团队打胜仗的能力提供启发。

编辑部
书单

阅读使人眼明心亮,明晰前行的方向。

2022年"黑天鹅"层出不穷,如何看待当下复杂的国际国内形势?又如何安顿好自己的身心?《决策之道》编辑部特别推出以下书目。

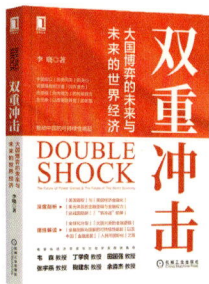

《双重冲击》
李晓 著

中国经济如何在中美大国博弈和新冠肺炎疫情的双重冲击下开新局、树新机? 李晓教授作为中国世界经济学界的著名经济学家,在《双重冲击》这部大作中高屋建瓴、大开大合,从新的战略高度对中国经济如何在新发展阶段构建新发展格局提出了独到而深刻的见解。相信所有关心这一问题的读者都能从中获益良多!

——推荐人: 余淼杰 北京大学博雅特聘教授、商务部经贸政策咨询委员

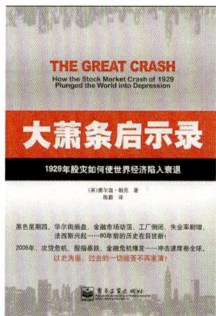

《大萧条启示录》
【英】塞尔温·帕克
(Selwyn Parker) 著

研究20世纪30年代全球经济大萧条的著作汗牛充栋,《大萧条启示录》一书堪称最经典的代表作之一,既有宏大叙事的精辟论述,又有翔实的数据和大量社会各角落的细节描写,从黑色星期四到华尔街崩盘,从金融市场动荡到工厂倒闭,从失业率剧增到法西斯兴起,从财富高度聚集于1%、5%的极少数人到下层阶级的普遍贫困化,从大西洋两岸的"金融沙皇"杰克·摩根的不可一世到摩根集团的解体,从清算主义到"罗斯福新政"……读来既惊心动魄,又能带来很多启示。最重要的启示之一是: 正是罗斯福发起的进步主义运动,舆论监督和立法的相结合,使得市场从无序与野蛮形态逐渐走上相对有序健康,垄断受到扼制,劳动者待遇和权益得到改善,财富分配趋向合理,以汽车制造业为引擎的实体经济蓬勃发展,从而为后面长达50年的"黄金时代"奠定了基础。

——推荐人: 田涛 华为管理顾问

《置身事内》
兰小欢 著

兰小欢的著作聚焦中国地方政府鲜明的特征——经济发展职能,从"经济中的政府"与"政府中的经济"双重视角,深入解析地方政府的内在运行机制及其影响。兰小欢曾长时间深入一线调研,所以能将鲜活的政府实践与前沿的学术研究结合起来。我相信此书将被列入许多大学本科和研究生相关课程的书目。

——推荐人:周黎安 北京大学经济学教授、光华管理学院副院长

《平台化管理》
忻榕、陈威如、侯正宇 著

在数字时代,企业的竞争不仅是产品和服务层面的竞争,更重要的是认知水平的竞争。企业家和管理层的认知升维是企业从低维进化到高维的必经之路,《平台化管理》开创性地提出"集体升维"的理论,为企业整体提升管理者认知指明了方向。

——推荐人:吴晓波 著名财经作家

企业的平台化不只是纯粹的数字技术应用,其核心是应用数字技术重新诠释业务和管理。本书通过鲜活的案例和透彻的分析,帮助人们理解企业数字化转型的内在要求,从而让企业管理者拥有新的认知与能力,通过数字技术实现企业平台化管理。

——推荐人:陈春花 北京大学国家发展研究院BiMBA商学院院长

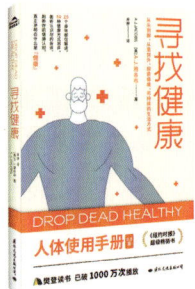

《寻找健康》
【美】A·J.雅各布
(A·J.Jacobs)著

人们在身体健康的时候,经常想不起健康这件事,但是当失去健康以后,立刻就会觉得健康特别重要。这本书提醒我们关注全身的健康。如果我们能够更早地关注到全身上下的不同部位,知道怎么样保护它,那么我们的人生就能达到一个相对终极健康的状态。

——推荐人:樊登 樊登读书App创始人、首席内容官

ZHISLAND TIME 有约

危机之下，企业需要怎样的智慧？

2022年开年伊始，企业就遭遇了一场"倒春寒"。为回应企业家们的强烈需求与呼吁，正和岛即将推出"企业十万个怎么办"系列视频栏目，由正和岛第一位虚拟IP"正和先生"担任栏目主理人。"正和先生"是中国企业家的智多多、陪伴企业家30年的知心人，他有理工男的思维逻辑，又有一颗老辣的童心，相信向善的力量。

"企业十万个怎么办"栏目秉承"企业家是企业家最好的老师"的理念，邀请企业家、专家导师共同参与内容创作，筛选企业经营场景中最亟须解答的问题，通过海量的真实案例解析，用趣味短视频的方式为企业家、创业者们呈现最有代表性、最具说服力的实战经验，帮助他们寻找企业增长的关键路径。本文截取了栏目的部分内容：

问题1：产品叫好不叫座，怎么办？

有很多企业家问：都说现在是"产品为王"的时代，可是为什么我的产品明明是好产品，却卖不好？是哪里没做对？今天就来聊聊产品叫好不叫座，怎么办？

【案例】乐巢窗帘

有这样一位企业家，从事的是窗帘行业。他在美国强生担任了10年的高管，内心对婴儿群体一直有一份特殊的关怀，最后选择创业。他在做窗帘产品的时候突然想到：能不能给窗帘附加一个功能，来保护婴儿的健康？带着这样的想法，他对窗帘市场进行了调研，发现大家对健康窗帘的需求巨大，于是投入巨资，用3年时间研发了一款"黑丝铜离子抗菌窗帘"。这个窗帘好在哪里？遮光率100%，广谱杀菌率99.9%，50年不用洗，可以说是一款非常厉害的黑科技窗帘。

然而，当他信心满满地将新产品推出市场时，却发现消费者并不买账。门店推不动，销售都说难卖。明明是好产品，为什么会遭遇这样的困境？这位企业家百思不得其解。一次偶然的机会，他请到一位品牌专家对产品进行把脉。专家对他们的门店进行了暗访，发现销售在售卖抗菌窗帘的时候，只顾着推荐产品的物理性能、产品数据，没有考虑客户能不能听懂，加上这款窗帘比普通窗帘要贵1倍以上，客户怕交了智商税，所以销售情况特别糟糕。了解到问题的症结所在，专家给他们支了个招，很快产品销售额噌噌上涨，3个月增长6倍，8个月增长10倍。这次他们做对了什么呢？

好产品不等于爆品，要把一个好产品变成爆品，不仅要重视产品功能，还要重视应用场景。比如销售问你：家里的窗帘多长时间没洗了？你是不是很难回答。销售再问：你家的孩子会不会经常揉眼睛、打喷嚏？你肯定会点头。这个时候销售会解释，这些实际上都是窗帘太脏导致的过敏现象，我们这款抗菌窗帘50年不用洗，因为里面含有抗菌"铜离子"，物理抗菌更放心；而且抗菌窗帘分为几个类型，最高级别的适合新生儿，是月子中心和产房专用，还获得了儿科医生的推荐；假如孩子比较大，没这么娇嫩，可以购买中档的加强型抗菌窗帘；假如孩子平时没有过敏，现在只是想要起到预防作用，那可以选择普通型的抗菌窗帘。如果顾客不信，销售可以赠送抗菌袜，和窗帘使用的是同样的抗菌纤维，孩子穿7天假如不发臭，那说明东西是真的。这样一来，顾客是不是容易被种草了？

所以在新的营销方式中，不讲功能，讲的是场景，聚焦的是客户意识；不讲需求，讲的是客户欲望：想不想给孩子一个"健康躲猫猫的空间"，在这个空间里，孩子可以散发他的天性，能健康自由地成长。这时候，抗菌窗帘已经不仅是一个功能性产品，而且代表父母对孩子的呵护。跟孩子的健康相比，产品价格就变得不那么敏感。即使抗菌窗帘比普通窗帘要贵1倍以上，许多家长还是心甘情愿买单。从这个例子可以看出，无论是科技含量多高的产品，在品牌营销中都一定要引爆场景创意。假如没有场景创意，所谓的爆品无从谈起。

【画重点】

在做产品定义的时候，不仅要从功能上去定义，还要从应用场景上去定义。只有站在客户的角度，激发客户的刚需，产品才能卖好，这就是爆品背后的秘密。

问题2：找不到合适的人力资源负责人，怎么办？

有企业家问：企业连续换了四五个人力资源负责人，人力工作总是推进不顺利。那么，如何才能找到合适的人力资源负责人呢？

【案例】易讯电子

易讯电子是一家电子科技公司，正处于快速发展阶段，老板一直苦于找不到一位合适的人力资源负责人，几乎每一两年就要换一个人。最近的一位负责人是外部招聘的，在入职后更倾向于按照老板的决策行事，缺乏对业务的理解，与老板的预期相去甚远。

后来，老板把目光转向内部，经过内部盘点，一位销售总监进入了视线。这位销售总监负责的业务板块连年业绩第一，而且是在公司创立时就加入了公司，从销售员做到销售总监，早期也曾兼任过人力资源管理方面的工作，具有一定基础，同时他曾组织推动建立研发、生产、销售的联动机制以及销售人员激励机制，大幅提高了客户响应速度和销售人员的工作积极性，具有很好的群众基础，在公司内部的口碑和认可度一直很高。

经过充分的沟通和前期学习，销售总监作为新的人力资源负责人走马上任，他重新组建人力资源内部团队，并结合业务，系统考虑人力资源体系的搭建。为了弥补他在专业上的不足，公司又引进了专业的人力资源管理咨询公司。在各方共同努力下，公司的人力资源体系快速搭建起来，人才的选择、激励和培养的效果都有了大幅度提升。

有人问：内部培养的高管没有人力资源专业背景，怎么办？其实企业可以为他搭建完善的人力资源团队体系，招聘有专业能力的人去帮助他落地执行，进行具体的业务操作。

当然，在公司内部确实没有合适人选的情况下，通常建议从规模大3至5倍及以上的企业中找到有5年以上成功经验的人力资源第一负责人，这样才有可能成功推动公司的人力资源变革。

【画重点】

人力资源负责人这个岗位需要懂得公司战略和业务，首先需要的是领导力，其次才是专业力，因此不要把专业力放在第一位，而忽略了这个岗位最关键的能力要求。

做企业很难，但也可以很有意思。正和岛，助力企业家持续成长。

扫码了解
"企业十万个怎么办"

知宏观，在大势中修炼决策力

一批了不起的企业家，为什么要拿出宝贵的时间和精力，冒着疫情风险，从宁夏、北京、广西、四川等地出发，齐聚长沙参加观澜塾？

最近几年，企业家们更深刻地体会到了知宏观、顺大势的重要性。2022年3月9日至11日，正和岛"大势观澜塾"二期班长沙会议成功举办。大势观澜塾首席岛师王林教授与特邀嘉宾大汉控股集团有限公司党委书记、董事长傅胜龙及"达晨系"掌门人赵红琼与到场企业家们进行了分享交流。在高密度学习中，与会企业家积极参与学习和讨论，真诚表达观点，交流企业经营动态，还就潜在的合作机会进行了洽谈。

在王林教授解读近期局势、两会政策及方向后，企业家们纷纷表示不再焦虑，心中的方向更清晰。以下为部分感想：

"我加入观澜塾的初衷是希望能跟随老师观大势，顺势而为地制定企业发展战略，以应对未来的不确定性。一直以来，我都收获颇丰，也将持续做观澜塾理念的践行者。给大家汇报一下我这两年加入观澜塾以后的一些决策及行动：

1.将具有垄断性质的业务整体出让于国企，转向与民生相关的水果加工、肉牛产业等市场缺口大、百姓生活刚需的领域。

2.降低与政府相关的业务在公司业务总量中的占比，减少重资产投入，强化轻资产运营。

虽然这几年经济下行的压力非常大，但如果把时间的视野拉长，我对未来还是有信心的。所以，在大变局下，只要我们保持审慎的投资态度，高筑墙，广积粮，沉心修炼内功，我们的企业一定能走得相对稳健。"

——张馨文 广西圣坤涛荣投资有限公司董事长

"王林老师的课引导我们深入思考。在当前政策、未来趋势的大变局下，特别需要深入理解中央政策的各个方面，这对我们企业抉择发展方向、战略定位有很大的帮助。"

——刘金林　湖波投资控股集团有限公司董事长

"这次观澜塾给我最大的印象是什么？我想是王林老师解决了我的焦虑，课堂上大量的信息解决了我平常一直想不明白的问题，包括一些国际局势问题。我之前在乡下存了几万斤谷子，心里很焦虑，这次发现没必要，因为王林老师讲得很清楚了，我们中国的国运到了上升的时候，没有什么可担心的。有些问题我们担心也没用，应该干好自己的事情。这是我最大的收获。"

——甘释良　成都东炜投资有限公司董事长

案例探访：数字经济时代之新未来领导力

数字经济时代加速到来，数智化如何驱动未来企业新增长，开拓新的增长曲线？

2022年3月9日至11日，正和岛案例探访28期·新未来专场走进阿里巴巴。正和岛执行总裁史船带队访学，带领近40位新未来企业家分享各自企业情况、交流管理经验，并与阿里巴巴集团副总裁及阿里云研究院院长肖利华、阿里巴巴资深专家及智篆商业研究院执行院长何兵权、钉钉副总裁田群喜、湖畔宏盛基金创始人盛森共四位阿里巴巴重磅级导师一同进行了两天两夜的深度学习、探讨，把握行业机遇，探讨未来企业数智化转型之路。

企业数智化转型之路任重道远，这是一场数智化技术驱动企业商业模式重构和核心竞争力重塑，持续提升消费者体验、商业运营效率和效益的过程。我们摘编了现场的部分干货观点。

阿里巴巴集团副总裁、阿里云研究院院长肖利华为大家带来了一场消费互联网与产业互联网双轮驱动的数智驱动新增长分享，他分享了以下观点：

当今企业可持续增长的原动力是数智化，但很多公司表达或理解的公司战略都是单一维度的，新未来企业家要站在宏观视角客观分析自己的企业；品牌在未来快速增长的重要原因是综合全面上新能力：新品牌、新制造、新内容、新零售、新消费、新全球化、数智化能力……未来市场将会产生强大的需求或强大的供给，平台智能撮合、物流、移动支付、国家安全、全球化等因素都是促成新品牌增长的重要原因；对于新生代企业来讲，数智化道路是一场马拉松，前进道路需要市场和其他团队的长期陪跑，不做行业中的"独行侠"，企业才能在这条道路上走得更远。如今人类也在进行数智大迁徙，企业跟不上趋势就会被淘汰，资源会转向更有生产效率、更高效的组织。

阿里巴巴集团资深专家、智篆商业研究院执行院长何兵权以数字经济时代的历史演变为切入点，引入"数字外场（业务）+数字内场（组织）"所形成的增强版"飞轮效应"概念，透视如何让企业在数字经济时代突破传统增长，实现指数级增长。何兵权院长解读了数字经济时代的领导力模型三要素：

一是用数字化思维打通企业的内场和外场，二是产品力是核心竞争力，三是面向公司内部创新和创业精神的组织力。

他还分享了阿里巴巴的领导观：领导者的使命是成就他人；领导者要做到使命愿景驱动；领导者要不断地鼓励创新、激发人心、推动变革、面向未来；领导者要有未来观、全球观和全局观；领导者就是要聚一群有情有义的人在一起做一件有意义、有价值的事。

"科技向前，变革开路，数字经济是时代发展的必然。"

科技与商业日新月异，政经格局瞬息万变。正和岛将持续助力新未来企业家创新、变革、突破、成长，成就未来新商业领袖。活动虽已结束，正和岛倡导的信任社交、学习社交、合作社交一直在演绎更多精彩的岛上故事。未来我们将继续带领新未来企业家们走访更多优秀企业、学习经营智慧、解读成功案例、迭代商业认知、链接产业资源、共谋战略升维！

正和岛案例探访28期·新未来专场|探访阿里巴巴
——数字经济时代之新未来领导力

扫码了解
正和岛新未来企业
服务包

2012年4月—2022年4月
《决策之道》走过10年
我想说……

扫码看看大家都说了什么

中国式管理深度游学

助力团队动力倍增

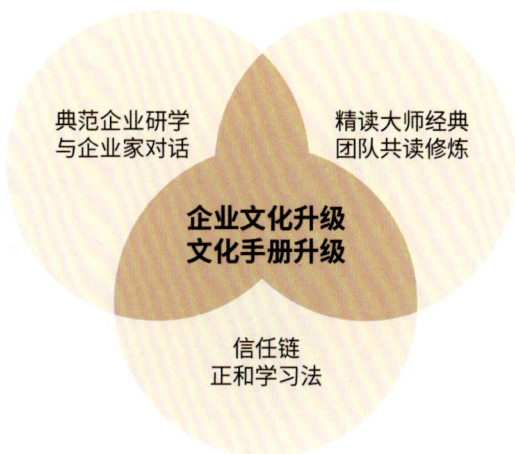

典范企业研学
与企业家对话

精读大师经典
团队共读修炼

**企业文化升级
文化手册升级**

信任链
正和学习法

德鲁克
《管理的实践》
《卓有成效的管理者》

特劳特
《定位》
《商战》

稻盛和夫
《活法》
《京瓷哲学手册》

曾仕强
《中国管理哲学》
《中国式管理》

典范企业研学
方太、百果园、信誉楼、固锝电子……

- 深度探访方太、百果园、信誉楼、鲁花等6家中国式管理典范企业
- 资深导师引领精读德鲁克、特劳特、稻盛和夫、曾仕强等大师经典著作
- 用中国传统智慧灵活应用西方管理工具，修炼出以不变应万变的组织发展力
- 提升组织软实力，升级企业文化手册，助力企业基业长青！

扫码查看详情

正和岛价值

正和岛是

基于信任链接的企业家供需适配平台，

用线上线下相结合的方式，

为企业家提供信用社交、学习社交、合作社交三重价值。

信用社交
是基础价值和前提价值。正和岛通过严格的登岛审核与推荐人制度让"对的人"在一起，帮助企业家降低信任成本，建立最可靠、最值得信任的企业家学习成长合作平台。正和岛平台已有超过8000位企业家岛邻，被称为中国商界最低信任成本的人脉金矿。

学习社交
是主体价值与核心价值。正和岛用全新的学习方式推进企业家互为老师、相互学习，帮助企业家掌握移动互联时代高效学习的法门。正和岛平台生产的高品质商业资讯（正和岛官方公众号、《决策之道》、官微、案例等），岛师塾，正和塾学习小组，正和岛线上公开课等成为最受企业家岛邻欢迎的学习工具和学习方式。通过正和学习法，为企业家及创业者提供精准适配、个性化定制的学习服务，成为最可靠、最值得信任的企业家学习成长平台。

合作社交
是长远价值与深度价值。在企业家相互了解、日益信任的基础上，开展各种商业合作和资源对接，降低合作成本，实现优势互补、互利共赢。

五戒

无良知的享乐

无原则的行善

无尊严的人格

无底线的商业

无诚信的交往